全人成長手冊

解密青春期心理與行為

鞠然 著

GROWTH MANUAL

從童年到成年，全面探索心理、意志與社會的力量

從早期教育到青春期發展
在愛與支持中茁壯成長，在關懷中充分發揮潛力
培養意志力、自制力與抗壓能力
引領孩子探索自我、價值觀與責任
掌握成長密碼，迎接未來挑戰

目錄

前言

第一章　每個人必須面對的一生發展議題

- 014　第一節　家長的立場：是魔鬼、天使還是觀察者
- 019　第二節　合作：大人物都具有「利他精神」
- 022　第三節　因材施教：成功始於興趣
- 029　第四節　成長：每個階段都是人生「必修課」
- 033　第五節　男孩與女孩：
  超越性別限制，獲得充分發展
- 037　第六節　人格：完整自我，由美德建構

第二章　善用心理、意識與身體的互動作用

- 046　第一節　童年早期：
  避免忽視溺愛，建立秩序自尊
- 052　第二節　生理缺陷：走出一條偉大而非凡的新路
- 055　第三節　自我防禦：矛盾衝突再大也要用愛化解

■ 目錄

059	第四節	自我價值感：既不自卑，也不優越
064	第五節	心理與外形： 快樂的孩子擁有更健康的體魄
068	第六節	拖延的習慣：不知不覺中消耗的是健康
072	第七節	誠實可貴：長期說謊會改變大腦的結構

第三章　遵從生理節律

076	第一節	制約反射原理： 累積小的進步，取得大的成果
082	第二節	生理時鐘：「夜貓子」和「早鳥」的時間表
087	第三節	睡眠與做夢： 好好睡覺，人生也可以「躺贏」
094	第四節	記憶力： 強化薄弱環節，發揮「元記憶」的利器作用
099	第五節	冥想：不僅僅減壓，還改善大腦組織

第四章　意志力與學習

| 104 | 第一節 | 延遲滿足：
如何看待長遠夢想和短期目標 |
| 115 | 第二節 | 自制力的培養：
堅持鍛鍊是增強自制力的唯一途徑 |

| 121 | 第三節 | 自制力的極限：能量飽滿意志力更耐久 |
| 124 | 第四節 | 自制力也「傳染」：
堅持自己底線不隨波逐流 |

第五章　動機與行動力

130	第一節	自我成就： 發揮自身最大潛能是人類終極精神需求
134	第二節	動機與成績：放下期望，積極應對
138	第三節	樂觀與悲觀：相信自己的人更易成功
141	第四節	害羞的壁壘：「主動破冰」的人更受歡迎
145	第五節	如何看待電視、網路： 順應時代前進潮流，屬行趨吉避凶

第六章　壓力、情緒與自我成長

154	第一節	壓力下的緊迫反應：如何審視壓力
160	第二節	關於壓力的信念： 結果與你的信念緊密相連
165	第三節	壓力的應對策略： 多樣策略帶來跨越性成果
170	第四節	另一種壓力應對： 壓力即挑戰，壓力即意義

■ 目錄

175	第五節	韌性：打不倒你的，使你更強大
178	第六節	壓力積極的一面： 壓力使人互信、包容、合作

第七章　青春期的挑戰

184	第一節	同一性：建構正面、豐富、整合的自我
190	第二節	超乎意料的「黑馬」： 創造力、勇氣、獨立性爆發的青春期
196	第三節	性的困惑： 增強安全意識家長首先要穩住
199	第四節	青春期的挑戰： 為成年做準備為自己的選擇負責

第八章　懲罰、語言暴力的影響

204	第一節	體罰無效： 消除不合作意識樹立正確認知
208	第二節	語言暴力無效：避免道德批判、比較、 迴避責任和強人所難
217	第三節	包容的智慧：學會觀察，不做批判
221	第四節	感受：感受對方是最高效的溝通
229	第五節	傾聽自己：助人者先自助

235	第六節	需求：學會提出明確的請求
238	第七節	傾聽對方： 傾聽和回饋是給他人最大的支持
243	第八節	感激的力量： 充分地表達感啟用在更多的恩典裡

第九章　個體與社會

248	第一節	價值觀： 「多元價值觀」與「核心價值觀」都要具備
257	第二節	利他： 有一千條理由培養孩子的助人精神
261	第三節	社會興趣：幸福要有好的人際關係

目錄

前言

　　中華民族歷來重視「家教」。古人說：「愛子，教之以義方。」還有「愛之不以道，適所以害之也」。孩子是父母、民族、整個人類的未來和希望。自古以來，人們都知道家長對於養育孩子負有重要責任，其往往可以影響孩子的一生。

　　「孟母三遷」、「岳母刺字」的故事早已融入人們美好的心靈和骨血中。諸葛亮的《誡子書》、《顏氏家訓》、《朱子家訓》等，都是在倡導一種家風。

　　家長都渴望為孩子言傳身教、教知識、育美德，渴望家庭能夠成為承載孩子一生風雨的港灣，也成為孩子一生心靈的歸宿。

　　「積善之家，必有餘慶；積不善之家，必有餘殃。」家庭的氛圍好，就能和順美滿，子女成才，家道興盛；家庭氛圍不好，難免累及孩子，殃及他人和社會。我們想要的家庭教育成果，首先需要自己身體力行，孩子才能耳濡目染。

　　孩子的一生，我們都奉上無條件的愛、支持、信任和祝福。我希望，有朝一日孩子們獨自走向世界時，他們會聽到各種來自外界的聲音，有正面的也有負面的。正因為在早期獲得了無條件的正向關懷，他們可以分辨並過濾掉那些貶損

■ 前言

　　自我價值與潛能的負面聲音，吸收那些鼓勵、關懷、友善、期待的正面聲音，隨時能夠透過節制、自我平衡，回歸到客觀分析自我與外界情景的中立狀態。

　　我希望孩子無論在什麼樣的境遇裡，都能夠支持自己，成全自己，珍視自己。相信自己不需要掠奪、爭搶，不需要傷害他人，不需要傷害自己。

　　當我們用無條件的正向關懷去愛我們的孩子時，還會有一個驚奇的發現，一個沒有被破壞圓滿自性、成長的完整性、天賦潛能的孩子，遠比我們更清楚自己是誰，將要去哪裡。

　　當我們真正懂得用無條件的正向關懷去愛孩子，支持他們相信自己，相信自己可以為自己創造生命時，我們會發現孩子將會從生存中解放出來，真正成長為精神的、具有更高意識狀態的、創造天賦的、完整的、綻放的人。

　　這個過程中，我們見證生命蛻變的神奇。

　　這個過程中，我們也需要指引，需要「導師」們幫助我們學會如何看待各種狀況，如何與孩子交流溝通，如何帶給他們正確的認知，又與他們保持著親密，如何身體力行、言傳身教。

　　在本書中，我參考了心理學、積極心理學的經典理論、近百篇研究論文、統計實驗、追蹤調查等，其中容納了許多

心理學家、教育學家的思想觀點，這些經典思想、研究成果能夠幫助我們去審視自身與孩子的狀況和境遇、根本需求和終極目標，統籌自身的身體、心理、意志力的資源，樹立更科學的「意識」，更積極的「信念」，最終實現我們和孩子共同的目標，在一張美好的藍圖上一做到底。

前言

第一章
每個人必須面對的
一生發展議題

■ 第一章　每個人必須面對的一生發展議題

第一節　家長的立場：是魔鬼、天使還是觀察者

　　如果在定義我們是一個怎樣的家長之前，我們有 3 種面對孩子的立場可以選擇，魔鬼（負面）、天使（正面）和觀察者（中立），你會選擇哪一個？對大多數人來說，會不假思索地回答，自己選擇天使（正面）的立場，這代表我們願意為孩子付出無條件的愛，也無論在任何境遇中都會支持他們。

　　還有人，寧願站在觀察者（中立）的立場，客觀地評估孩子的自身內在因素和外在環境的影響變化，以便支持孩子做出正確的選擇和行動。最後一種，魔鬼（負面）的立場，代表的是貶損生命的價值與造成傷害，儘管很少有人承認主動選擇，它卻存在著。很多施加於孩子的肢體虐待、語言暴力都是由家長自身的創傷、複雜的心理問題、自我效能低下和無意識行為造成的。

　　「我選擇」是一種意志的力量。在心理學家們眾多實驗觀察與發現的背後，總有人活得更快樂、更健康、更努力，擁有更好的人際關係、更成功的職業。除去各種複雜的社會、時代、環境因素，這些人擁有的是個體的意志。

第一節　家長的立場：是魔鬼、天使還是觀察者

　　去發現、去培養，並始終相信這種「意志力」，無論情景和外在環境怎樣變化，都支持和幫助孩子獲得自我實現與快樂。去相信孩子自身的創造力與潛力，這符合人本主義學派的理論，這就是那些選擇天使（正面）立場的家長們樂於相信的。我理解的「正面的」家長，具有兩個面向——「父親的支持」與「母親的關懷」，這對慈愛的父母，像天使一樣，始終認可孩子，認可孩子所具有的善良品格、無窮潛力，他們始終支持、鼓勵孩子，讓孩子在每一個時刻都充滿了能量，正面積極地面對人生的各種境遇。

　　人本主義心理學家卡爾・羅傑斯（Carl Ransom Rogers）和卡倫・荷妮（Karen Horney）提出，在兒童成長的過程中給予無條件支持非常重要，即使當他們犯錯，這樣的無條件支持是信任人先天傾向性中原本就具有自我完滿，這種信任能夠更好地促成兒童的自我悅納（self-acceptance）。這種自我悅納，可以讓人將關注點聚焦在自我實現的快樂上，而不是一時挫敗的焦慮上，即便在一生中遭遇各種不同境遇，仍然可以擺脫環境負面影響，去追求更高的自我實現的需求。

　　而對選擇觀察者（中立）立場的家長來說，他們渴望最大限度地了解孩子的本性，同時，他們也無法忽視社會環境與人的互動影響，他們需要更多的策略來幫助孩子，無論是培養他們的智力、體能、學習能力與元認知，還是應對社會組

織時的決策能力。從比奈（Alfred Binet）的智力測驗、加德納（Howard Earl Gardner）的多元智能與情緒智力，到艾瑞克森（Erik Homburger Erikson）的社會心理，他們更願意相信眾多複雜的因素共同決定了孩子的幸福與成功。他們願意幫助孩子辨識、辨認出「負面」的資訊，不讓負面資訊阻礙、限制孩子去突破挑戰、釋放潛能，他們願意運用正面支持的力量，讓孩子回歸自己，客觀地分析自身的資源與處境。

「正面」與「中立」並不衝突，無論「天使」家長，還是「觀察者」家長，都是出於愛，以及想要幫助孩子塑造更好的人格以適應未來和終身發展的目的。他們在根本上是一致的。

還有一類家長，他們所處的「負面」立場主要展現在兩個方面：一方面是以暴力語言或體罰來「貶低」孩子的價值，降低孩子的「自我價值感」，使孩子無法找到「真正的自己」、「不敢追求自我價值」而導致了失衡。另一方面是因為他們沒有「正確的價值觀」，灌輸給孩子「走捷徑」、「順手牽羊」、「投機取巧」、「自私自利」，他們通常以結果為導向，引誘孩子去走看似「輕鬆」的捷徑，卻因為孩子沒有內在的制高秩序而失衡嚴重，最終的結果是「更艱難的」人生之路。

這一類「魔鬼」家長，更多可能是因為沒有意識到自己身上具有什麼問題。他們可能是因為自身在每個成長階段的發

第一節　家長的立場：是魔鬼、天使還是觀察者

展都是不完整的，他們自身就不具備「身分認同」、「自我價值感」、「高自尊感」、「自我成就感」；有的是因為自身就沒有「合作」、「利他」的意識；有的是因為在自己的成長過程中從沒有體驗過「無條件的愛和支持」，他們無法給予自己沒有的特質；還有一些人，從他們的父母身上，學到懲罰、體罰、語言貶損、控制、漠視、放縱、溺愛和走捷徑的行為方式，在下一代身上重複著這些行為。行為的改變需要從認知開始，更新信念系統，然後行為才會隨之發生改變。

孩子從嬰兒時期到青春期，再到成年的早期，需要成人的撫養照顧，也需要成人幫助他們認知世界，正確認識自己。孩子在成長的過程中，不斷與外界各種情景、意識碰撞，家長的立場其實就相當於一張「過濾網」，我們透過立場的「過濾網」，將成長過程中因為嘗試、挑戰、碰撞遇到的情景、意識、回饋，篩選為正面、中立、負面的，幫助孩子們去辨識這些外界回饋。

這一張「過濾網」，最初是由家長為孩子創造的，等待孩子成熟，它便內化為孩子自身的能力、素養和人格。

我們首先透過辨別是「正面」、「負面」還是「中立」，然後我們用自己的行為、語言和教導去幫助孩子，去除那些貶損自我價值、限制自我成長的「負面」雜音；過濾那些引誘孩子投機取巧，「走捷徑」、「歧途」，破壞內在秩序，自欺欺人

017

■ 第一章　每個人必須面對的一生發展議題

的誘惑之音；我們用愛與支持，讓孩子聽得見真誠友善、鼓勵關懷的「正面」聲音；最終達到聽見自己內心中「中立」的觀察者聲音 —— 這代表著孩子會清楚明晰地明白自己是誰，在特定的時期體驗自己特定的品格，不斷發現新的自己，活出自己天賦潛能的意識。

第二節　合作：
大人物都具有「利他精神」

　　人類生活在一個無盡宇宙中的小小星球上，生命的意義是生活賦予的，每個人的人格、信念、心智、意識、文化和經歷都在演繹其自身「生命的意義」，個體心理學之父阿爾弗雷德·阿德勒（Alfred Adler），早期提出人生三大任務：職業、社會和婚姻。透過一個人對這三大任務的反應，即代表個人對生命意義的解讀。一個只有「個人意義」、沒有「社會意義」的人，生命的意義就扭曲了。在很多罪犯、酗酒者、自殺者的案例中，正是由於他們缺少「社會意義」，錯誤地將「生命意義」曲解為只為個人私利。

　　真正的生命意義，是有益自己、有益他人、有益整個地球環境的。

　　在自然界中，人類一出生，便需要他人的照料，每一個成功活下來的生命，在人生之初的 3 年裡，都仰賴他人。合作，是人類所有活動與價值創造的基礎。

　　每個人都與其他人相連。我們都希望自己的孩子，能夠成長為一個利己利他、人際關係融洽、婚姻關係幸福、事業

第一章　每個人必須面對的一生發展議題

卓有成績、快樂健康、道德高尚的人。在順境中知道感恩與回饋，在逆境中堅持夢想與真誠，生活於他而言，是一份創造性的禮物。

現代積極心理學派有很多關於幸福感的發現，心理學家發現，單純的快樂還不能讓一個人獲得最大的幸福感、獲得最大的滿足感，幫助他人與他人合作才可以讓人獲得最大的滿足感。

積極心理學家克里斯・彼得森（Kristoffer Peterson）認為建構一個幸福的人生，至少要有 4 個維度，它包含了愉悅、投入、意義和成功（在本書後半部分，會有詳細的討論）。在第一章中，我們可以先看看心理學家彼得森自己的幸福構造圖，每一項的最低分是 4 分，最高分是 20 分，如下圖所示。

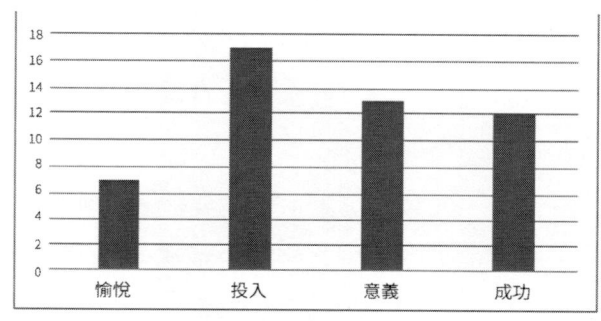

幸福構造的 4 個維度

你可以先繪製出自己的幸福構造圖，如果每個維度的分數都是 4 分，說明你目前的生活非常空虛，如果每個維度的

第二節　合作：大人物都具有「利他精神」

分數都高於 15 分，說明你的生活滿意度很高。如果有的維度分數很高，有的分數很低，說明你生活中的某個維度不平衡。當你閱讀完整本書以後，你可以再畫出一張你心目中認為完美的狀態，將它作為自己的目標，嘗試做出改變。請記住這張圖，並在一生中逐步將自己的幸福構造圖描繪出來。

心理學家喬治・維蘭特（George E. Vaillant）曾對 95 位高智商男性進行 30 年追蹤訪談和研究，那些發展得較好的人都在中年展開了能更好服務他人，為社會做貢獻的事業。在一項調查中，追蹤研究了 52 至 74 歲的老人，他們良好的滿足感狀態基本上始於很早期，而帶來滿足的最主要的一項本質，是關心他人、富有同情心和良好的社會關係。

對兒童來說，學習合作和幫助他人更為重要，當家長或學校以教導孩子只關心自己的成績，忽略合作和幫助他人時，曲解「生命意義」的一刻就開始了，假如孩子從此開始只關注於自身，他將在未來的生活中不斷體驗分離與不被支持的痛苦。

「與他人的關係」在人的一生中始終無法逃避，從艾瑞克森的成長階段體系去看，身分認同、親密、繁殖、養育後代、自我成就都離不開與他人的「合作」。我們每個人，既是獨立的個人，又與他人、世界相連。

學習合作與幫助他人是兒童最終收穫幸福人生的重要一課。

第三節　因材施教：成功始於興趣

積極心理學家米哈里（Mihaly Csikszentmihalyi）最早提出了「酣暢感」這個概念。酣暢感是指精神高度投入的活動所伴隨的心理狀態。在這個流動的狀態裡，時間過得彷彿非常快，注意力全部集中在這項活動上，伴隨而來的是精力充沛的流動的體驗。

一些藝術家在創作的時候會體會到這種感覺，真正的酣暢感，需要具有挑戰性，伴隨著價值感和成就感，能夠極大地提升人們對興奮和振奮的體驗。

雖然看電視、打遊戲、看魔幻小說、亂寫亂畫也有「酣暢」、「振奮」的感覺，但由於並不具有挑戰性，也無法帶來價值感和成就感，這些活動屬於「垃圾酣暢感」，與真正的「酣暢感」相去甚遠。

在積極心理學的研究中發現，真正的「酣暢感」體驗會讓人在很長一段時間獲得很大收益。尤其是少年時期，如果能在開創性領域取得成功，他們會比其他人更加健康。很多具有心理障礙的人，如「憂鬱症患者」，這些人尤其難以對富有挑戰性的活動產生興趣，但讓他們忙起來是很好的治療方

第三節　因材施教：成功始於興趣

法，被干預的憂鬱症患者會減少自尋煩惱。

及早去發現並支持孩子發展一項興趣技能，這在孩子的一生中都尤其重要。

攀岩、藝術創作、手工藝、衝浪、寫作、舞蹈，很多活動都可以讓人獲得這樣的酣暢感，有時不僅僅是個體活動，社會性的愉快的交談，大合唱和團體運動也可以獲得酣暢感。

在研究人類本質的時候，心理學家羅伯特‧懷特（Robert W. White）解釋了「能力」的意義，他認為人們願意去做一些需要能力的事，不論具體是什麼。人類享受他們現實能力的活動，同時愉悅感會隨著能力的實現而增加，或隨著複雜性的提高而增加。這一點在我們所喜愛的活動中都能展現出來。

興趣展現在3個方面：休閒興趣、學校興趣和工作興趣。

在休閒興趣方面，心理學家們有很多發現，比如，人們花在休閒興趣上的時間與生活的滿意度非常相關。總體來說，女性的休閒時間少於男性，尤其是全職工作或者帶孩子的女性，或者一邊上班一邊帶孩子的女性。對於社會地位較低的人群，休閒活動很少，他們大多從事體力勞動，且賺的錢很少，很少有機會去發展興趣活動。退休的人，會有更多的休閒時間，但是很難發展出一項新的興趣。

體力類型的興趣,游泳、散步、打球等可以增加積極情緒,讓人充滿活力。經常做有氧運動的人,會表現出更好的心理健康狀態,體驗到的生活壓力也相對較少。喜歡聽音樂的人,也能夠產生積極的情緒,音樂也可以幫助人調節情緒。

心理學家還發現了一件不容忽視的事,興趣可以是代表一個人積極身分的標籤。興趣身分在青少年時期尤其重要,在他們發展身分認同時(見第七章),興趣發揮著很重要的作用,如果能發展出學業以外的興趣身分,進行這些活動的青少年的表現,比沒有興趣身分的青少年表現得更好。

發展興趣需要更深層次的智力和情感投入,在學校裡,如果有一門課可以讓學生有這樣的投入感,就可以發展成為成熟的個人愛好。我們經常會看到有些學生非常喜歡數學,而另一些學生非常熱愛文學。一門學科之所以產生獨一無二的魅力,可能是因為在這門課裡剛好有學生感興趣的新奇性、複雜性、變化性,也可能是因為學生獲得了這門課的教師給予的支持,或者是家長給予的額外支持。

一旦一門學科的基礎興趣養成,所獲得的這門特殊技能的興趣就可能得到進一步的增加,能力也會進一步得到提升。

在孩子很小的時候,一點點鼓勵就可以促進孩子學習,或者一點點監督就可以發揮作用。但是到了高中階段,學生

第三節　因材施教：成功始於興趣

會感受到越來越複雜的強度——分數的壓力，約束的增加，這讓他們對學習本身的興趣有所下降。這時學生需要的不是一般的支持，而需要更有針對性的指導來幫助他們。從長遠來講，在一門學科上有長期興趣是非常有益的，最明顯的一個優勢便是可以深入這門科學的專業領域，在未來的工作和發展中獲益。

對於孩子想要很早就確定工作興趣不太容易，如果能夠有一些工作讓孩子嘗試，再決定自己如何選擇可能是一個很理想的想法，但很難實現。心理學家們設計了一個知名的工作興趣測驗，即根據人們的興趣愛好，推測人們和某一個行業更加相配。假如我們對某個行業的職業感興趣，就很有可能會堅持下去。不過興趣和能力有時並不是同時具有的，很多學生因興趣而選擇了一個行業，之後卻發現自己並不適合。

心理學家霍蘭德（John Holland）設計了另一種職業興趣類型，分為現實型、研究型、藝術型、社會型、企業型和常規型。

現實型	這類人喜歡操作實物、工具、機器或動物，職業對應有工程師、承包商
研究型	這類人喜歡觀察研究物理、生物、文學，職業對應有科學家、記者

第一章　每個人必須面對的一生發展議題

藝術型	這類人喜歡創造藝術形式， 職業對應有小說家、音樂家
社會型	這類人喜歡與人合作、培訓或激勵人， 職業對應有教師、社會工作者
企業型	這類人喜歡為了組織性目標或經濟收入工作， 職業對應有銷售人員、股票經紀人
常規型	這類人喜歡依靠數據、資料進行系統分類， 職業對應有會計、圖書管理員

興趣是最主要的，先有了興趣，才可能在不斷堅持與投入中發展出能力。興趣和能力共同堅持下去，就會取得成就。

當心理學家們研究了大量有成就的人群，包括某些領域的集大成者、全新領域的開創者、探索生活深刻內涵的內省者以及影響他人或世界的人，這些人才卓越成就的豐富性、多樣性很值得注意，但都有一個共同點，這些成就最初都始於興趣。

性格可被分類的至少有 24 種，價值觀可被分類的至少有 10 種，可被統計的職業更是不可計數，那些具備良好性格力量的人，必定具有創意、愛學習、有好奇心，堅定，追求卓越與美好的品格，我相信下一代的孩子們，必然是多才多藝、興趣廣泛，知識廣博的。

相比上幾代人，今日的科技發展已經如此先進，孩子們

第三節　因材施教：成功始於興趣

獲得資訊的速度和效率，系統學習新技能、新知識的速度和效率，已經呈現出指數倍的增長。他們學什麼都可以，學什麼都更快，也更容易了。

正因為時代的發展，時間對於人們來說變快了，曾經可能需要幾十年才能夠明白的事物，現在只需幾分鐘就可以從各種資訊管道迅速獲得，知識大爆炸般地湧向我們。對下一代的孩子來說，如何學習一門知識、學科、才藝，已經不是什麼困難的問題了，對他們來說，面對無限豐富的知識與資訊資源，選擇哪一門學科去學習更加重要。

上幾代的學生，更加嚴格地根據學科興趣，發展出職業興趣。而下一代的孩子會有更廣泛的選擇，更自由發揮的空間，從休閒個人興趣、生活中的興趣，靈性與精神的興趣，社會關係的興趣，都可能發展成為謀生的手段和職業，甚至鑄造為一項個人的成就。

「天賦」、「才華」在這一代人身上，會有更加淋漓盡致的展現，這是隨著經濟的發展，人類逐漸從物質需求上升到追求自我實現的精神需求的必然過程。每個人最終都會為了實現自己的最大潛能而努力綻放自己的生命。

我們的下一代會比前幾代的人更加清楚地知道「我是誰」、「我要什麼」、「我要為自己而開創」、「我要活出我的生命」。

■ 第一章　每個人必須面對的一生發展議題

　　因此，身為家長和教師，我們可能需要為了孩子「量身訂做」適合他們的學習內容，不斷地追隨著他們的興趣、他們的本性，為他們提供支持他們的養分和符合他們興趣點的知識與技能。這是我所理解的，針對這個時代的孩子的「因材施教」。

第四節　成長：
每個階段都是人生「必修課」

　　從古至今各種文化都對人生命成長的階段充滿影響，教育家孔子認為人生分為 6 個階段：十五立志向學；三十而立；四十不惑；五十知天命；六十而耳順；七十隨心所欲，不踰矩。

　　希臘人透過對人的內心變化分析，將人生劃分為 10 個階段，每個階段 7 年：0 至 7 歲，幻想階段；8 至 14 歲，想像階段；15 至 21 歲，青春期；22 至 28 歲，人生基礎；29 至 35 歲，證實並強化人生基礎；36 至 42 歲，第二青春期，跟隨內心，重新調整人生方向；43 至 49 歲，狂躁憂鬱期；50 至 56 歲，與衰老抗爭；57 至 63 歲，思想成熟；64 至 70 歲，第二童年期，有意識地改變，將把人帶向更高起點。

　　人從出生起，直到成年以後，再到老年，每個成長階段，都與後面的發展相關聯。每一個成長階段，也都有其獨特的矛盾，能夠成功突破它還是帶著那些未解的衝突一直走向下一個階段都不重要，總之那是我們自己無論如何都要面對的。

　　艾瑞克森提出了人一生中心理社會性發展的 8 個階段。

第一章　每個人必須面對的一生發展議題

0 至 1.5 歲階段，要解決的是信任與依賴的危機，在有充分安全可依賴的照料下，建立基本的信任感；相反，若嬰兒經歷的是不一致的回應，或缺乏陪伴、身體接觸、溫暖的照料與互動，嬰兒會在底層發展出一種強烈的不安全感與焦慮。

1.5 至 3 歲階段，要解決的是對自我的肯定與懷疑，這個階段的兒童開始行走、認知以及進行簡單自我探索，在這個階段給予兒童關心、充分的肯定與自由，有助於兒童建立自我價值感。相反，若在這個階段過於嚴厲的要求訓練孩子，急於比較、批評或糾正，會導致兒童缺乏自我價值感，感到無力控制事情，而不是相信自己有能力可以控制自己的身體，或做某事。

3 至 6 歲階段，要解決的是能否自主發起行動的能力，這個階段的兒童主動發起行動、知性活動和人際交往的互動，家長給予的正面回饋將決定他們對自己的主動行為的看法是否有價值，否則兒童會對自己的主動行為產生內疚的情感，缺少自我價值感。

6 歲至青春期階段，要解決的是勤奮努力和自卑的危機，一些經歷了前面階段的兒童，會努力地投入課業、體能、興趣的訓練中，更多地參與社交團體活動，發展自己的社交技能，充分得到鍛鍊的兒童可以獲得更好的社交技能與

第四節　成長：每個階段都是人生「必修課」

認知能力，而有些兒童，無法很好地投入這樣的訓練中，不僅錯失參與成長的機會，還會形成內在的自卑感，缺乏自信，感到挫敗。

青少年階段，要解決的是自我角色認知危機，這個階段的少年正在經歷了從孩子到成年世界的過渡，他們面對不同的人，扮演著不同的身分，若能作為一個人感受到做自己的舒適感，無論面對何種境地，都知道自己是誰，他便具備了進入下一個階段的完整性，若無法跨越這個挑戰，他的自我是碎片化的、不確定的和模糊的。

成年的早期階段，在這個階段裡，個人做出清楚的選擇，並有能力承擔責任地進入親密關係中，在親密關係中學會合作，保持獨立性又放棄一部分獨立性。如果無法完成這個挑戰，可能會陷入孤獨與隔絕。

成年的中期階段，在 30 至 40 歲期間，個人在這個階段主要解決的是繁衍的危機，關注對家庭、社會和後代的奉獻；沒有妥善解決這個挑戰的個體，仍然沉迷於個人的自我放縱，會對未來和過去都感到迷惑。

成年的後期階段，成功解決了前面幾個階段危機的個人，已經可以感受到一種人生的圓滿感，讓他對自己感到滿意，如果有一些挑戰還沒有被解決，會產生挫敗感、焦慮、自卑，甚至絕望無力。

第一章　每個人必須面對的一生發展議題

在人的一生中，不斷度過危機，發現自我，創造自己的生活，許多因素共同構成成長的途徑，包括遺傳因素、環境因素、學習因素、父母因素、發展因素、意識因素，還有潛意識因素。人的一生，無論是孩子，還是家長，我們始終在成長著，認知自己，發展自己，成就自己。

第五節　男孩與女孩：
超越性別限制，獲得充分發展

兩性的區別可能最初起源於生物的發展進化。男性與女性在生物結構上有很多不同，不僅是我們可見的性別特徵，還包括睪固酮的高低，以及大腦的結構。

有研究發現，男性的大腦比女性的更大。而負責社會和情感功能的前額葉區域，則是女性的比男性的更大，這解釋了為什麼在一場爭吵結束以後，女性還久久無法平復情緒，而男性早已經酣然入睡。

除了大腦中兩性存在的生物差異，家庭和社會對性別的刻板印象還會固化兩性的差異。

有一項研究顯示，嬰兒在 10 個月大時，就已經明白男女有別。當兒童在學齡前將他們所獲得的資訊內化之後，5 至 7 歲的兒童會對男孩和女孩的刻板印象有非常嚴苛的標準。

同伴之間的社會活動，也會更加強化這一特徵。

有研究發現，在 6 歲時，男孩喜歡集體活動，而女孩更喜歡一對一的交往。男孩喜愛的活動主要是打架爭鬥，而女孩更喜歡交談。

第一章　每個人必須面對的一生發展議題

女孩也通常在學習上比男孩更加刻苦，因為在她們的人格部分，努力程度是自尊的重要來源，而男孩更看重結果。有一項實驗，研究人員分別用不同的指導語指導男孩和女孩做測驗，當告知男孩和女孩指導語「做練習不重要」時，兩組測驗者的練習結果沒有太大差別，當更換指導語「練習很重要」，女孩的練習結果成績顯著高於男孩。

在成長的過程中，男孩和女孩還有一些差異，研究人員有很多發現，包含了語言、視覺空間能力、數學、攻擊性、恐懼害羞和冒險、情感表達等。

女孩在多種測試中都表現出了語言優勢，女孩的語言發展比男孩早，在整個童年、青少年時期，女孩在閱讀理解、語言流暢性上得分都更高。

男孩在視覺和空間能力的測驗上，從4歲就開始展現出優勢來，並貫穿一生。

男孩在數學上的優勢，相對於女孩是微小的，事實上，在計算技能方面，女孩的測驗成績還會高於男孩，部分原因可能是由於女孩注重練習，而努力提升自己的數學能力。但男孩對於數學的自我效能感會高於女孩，他們比女孩更有自信，相信自己可以解決數學問題。到了高中階段，男孩在解決數學問題上更具有優勢，會有更多的男孩在這個時期展現出優秀的才能。

第五節　男孩與女孩：超越性別限制，獲得充分發展

在其他方面，2歲起，男孩比女孩就開始展現出更多的攻擊性，青春期的男孩捲入反社會行為和暴力犯罪的可能性是女孩的10倍。女孩在陌生情景中，更容易害羞、謹慎，冒險行為較男孩更少。在情緒表達方面，孩童時期男孩更容易展現憤怒的情緒，而女孩的情緒更加豐富多樣化。

但這些差異，只在群體測算上有意義，當我們比較男女兩個個體時，這樣的差異不具有普遍性。當我們比較個體時，個體的差異遠遠要超越文化、性別、年齡等。很多發展心理學家也認為，男女之間的共性，是遠遠大於異性的。

發展心理學家們發現，在文化、家庭教育、社會影響下，人們對於性別的刻板印象，可能在以一種「自證預言」的方式，去強化或實現男女之間的差異。

很多父母對兒子和女兒都採取了不同的養育方式。譬如，在數學才能這個方面，受到自身對性別刻板印象的影響，他們會期望兒子比女兒的數學更好，還會將兒子數學好歸因於天賦，女兒數學好歸因於努力，這些資訊的傳遞自身就會對孩子產生心理影響，逐漸接收到這種觀念的兒子可能會更加自信，而女兒可能會對數學喪失信心與熱情。也正是由於這樣的原因，在選擇專業的時候，女兒就可能不去選擇數學或科技領域的專業，因此失去這個行業的發展機會。這便是心理學家們所說的，性格刻板印象引發的「自證預言」。

在這種情形下，心理學家們建議，盡量以更加開放不設限的思維去看待男孩與女孩的差異性，這種差異很多時候是由家長、學校、社會和文化上不同的期待所導致的。真實情況是，男女在語言、數學、空間上的差異只在比較群體時有效，且這個區別非常微小。不要以性格刻板印象限制兒童自我實現，要盡量鼓勵孩子消除思維上的局限，在認知上干預有助於男孩或女孩更廣泛地追求不同領域的成長。

第六節　人格：完整自我，由美德建構

即便是對於成人來說，也可能對「我是誰」這個問題，只能回答出 10%。探尋「自我」可以看作人生追求的一種表達，反過來也成立。「我是誰」是一道可以探索一生的問題。

關注自我研究的早期倡導者威廉‧詹姆斯（William James），提出自我的 3 個部分由「物質自我」、「社會自我」和「精神自我」組成。「物質自我」包含了身體，「社會自我」代表他人對我的看法，「精神自我」是指內在的思想與精神的活動。

自我的概念包含了許多方面，從記憶、特質、動機、價值觀、智力、能力、理想、自己對自己的評價，到認為外界如何定義自己，都屬於自我的概念範疇。它的形成與遺傳基因，先天與後天的教育、境遇、意識與無意識的部分，內在的傾向，以及身處境遇決定。

心理學家們發現了兩種主要的方法，來幫助人們了解自己未知的人格部分。一種是客觀測驗；一種是更加具有個人意義的投射測驗。

■ 第一章　每個人必須面對的一生發展議題

　　最廣泛使用的客觀測驗工具是明尼蘇達多項人格問卷（MMPI），它由美國明尼蘇達大學心理學家海瑟薇（Starke R. Hathaway）和精神病學家麥金利（John Charnley McKinley）編製，這套問卷年滿 16 歲就可以參與測驗，程序非常簡單。它包含了 10 個臨床量表部分，包括歇斯底里症（依賴、天真缺乏自知）、憂鬱（社會不適）、疑病（對身體不正常關心）、精神病態（反社會）、男性化 – 女性化（男性女性差異、極端高分表現為同性戀）、妄想狂（誇大、被害妄想）、精神衰弱（恐懼、內疚）、精神分裂（思維混亂、行為怪異）、輕躁症（聯想過多、飄忽、情感多變）、社會內向（害羞或憤世嫉俗）。

　　另一種客觀測驗工具是大五人格問卷，其中包含 30 個獨立特質，效果與明尼蘇達多項人格問卷相似。這兩種客觀測量，都可以研究人格的穩定性和一生中的眾多變化，例如，職業變化、離婚、提前退休等，都是其人格特點的顯示。

　　除了客觀測驗，還有更加開放的個人化的測驗──投射測驗。投射測驗，通常在題目中展示一張圖畫，請測驗者根據自己的感覺、想像、情緒，去描繪這是一個怎樣的故事。它沒有對與錯的標準答案，但由於這樣的描繪，是純個人的解讀，也就可以代表測驗者的人格。比較著名的有羅夏（Hermann Rorschach）墨跡測驗和亨利·莫瑞（H. A. Murray）的主題統覺測驗（TAT）。

第六節　人格：完整自我，由美德建構

例如，一張主題統覺測驗的卡片上繪有兩個人的面孔，不同的人解讀這兩張面孔的身分與關係，常常投射反映的是自己內心對於權力、地位、依賴、控制、欲望等方面的個人體驗。

將客觀測驗與投射測驗兩種方式結合起來往往效果會更好。

文學作品《24個比利》(*The Minds of Billy Milligan*)虛構了一個人物，他具有24個多重人格，這些人格之間，相互獨立，每個人格都具有不同的性格、動機、記憶，甚至是身體生理上的指標都不同，其中一個人格需要吃降壓藥，另一個人格可能需要吃提升血壓的藥。這是很少見的心理疾病。

但是普通人的人格，其實也可以是多面的。很早的時候，就有人觀察到了這點，於是人們充分發揮想像力，將人格按照類型風格分類，編為類似12星座、塔羅牌的22張大牌、12生肖這樣的類別，無論是東方的12生肖、西方的12星座，或是民間塔羅牌的22張大牌，都分別會有優點與缺點，正反兩面。這些都可以理解為不同的人格面向，在一生中的特定時期，人們會發現他們表達著自身不同的人格面向，也展現著自身的長處與短處。從各種角度，去了解人格，了解他人，了解自己，總是讓人們充滿熱情和興趣。

在一生中的許多境遇裡，順境或逆境，自我範疇的概念

第一章　每個人必須面對的一生發展議題

決定了一個人的動機和行為，做出什麼樣的決策，得到什麼樣的結果，以及結果對自我回饋又如何內化成為「自己」。

而隨著內在檢視「自我」，去做出有意識的調整，對於「自我」認知的意識會發展得更加完整。認知「自我」，並按照自己原本的「人格」去生活，是一道伴隨我們一生的課題，值得我們不斷探索。

20世紀的人格特質心理學家高爾頓・奧爾波特（Gordon Willard Allport）曾經主張將「性格」的研究從「人格」研究中刪除，當時的研究是在「疾病模式」下的探討。但隨著現代積極心理學的發展，心理學家們發現，心理學不僅僅只是關注「問題」，更重要的目標是促進人類最積極、最美好、最具潛力的東西。因此，去關注、描述、評價積極美好的部分成為積極心理學家最重要的研究內容。

馬丁・賽里格曼（Martin E. P. Seligman）教授在1999年與一群年輕學者開始共同研究「良好的性格」，他們運用了一種分類描述的方式，試圖將人類的美好性格力量總結出來，他們從精神病學、青少年發展、宗教、哲學、組織學、心理學中辨識出備選的性格力量，從流行歌曲、詩歌、卡片祝福語、訃告、座右銘、宗教信條、塔羅牌，甚至《哈利波特》小說中對霍格華茲城堡的描述文字裡，挑選出與美德相關的詞語。

馬丁・賽里格曼將良好的性格力量與美德分類共同考慮，

第六節　人格：完整自我，由美德建構

區分出6種美德，24種性格力量。

這6種美德是：①知識與智慧；②意志力；③人道主義精神；④社會公正；⑤節制；⑥卓越。

知識與智慧是認知範疇，也包含了獲取知識與理解資訊。理性是所有認知得以實現的最重要美德。除了理性，有5種性格非常重要。

01. 創造性：能獨立思考出新奇有效的方式做事、創造、取得成績。
02. 好奇心：能夠對事物產生興趣，在這科學界尤其重要。
03. 熱愛學習：掌握新的技能、知識，獲得系統知識的可能性。
04. 開放心態：不急於下結論，全面思考，並能夠靈活調整，衡量整體。
05. 洞察力：深入觀察思考，認知自己與世界，提供明智的見解。意志力。當我們遇到內部或者外部阻礙時會發揮力量，這種力量是強力的、矯正性的，當我們在外部遇到困難阻礙時，內部遭遇衝突限制時，意志的性格力量會發揮作用，幫助我們抵禦誘惑，確定方向，堅定腳步，協調衝突。有4種性格力量屬於這一類。
01. 誠實、務實：誠實地面對自己、他人和境遇，對自己負責。

02. 勇敢：問心直行，在困難面前不畏縮，直言不諱，堅定不移，有膽識，也包括生理上的勇敢。

03. 堅定：有始有終，有毅力耐力，持久堅持，有天下無難事的心念，再艱難也要完成目標，享受完成任務的愉悅感。

04. 熱情：充滿熱情與激情，做事既不會心不在焉也不會半途而廢，所追求的都是自己的「最高興奮」，更能有所成，生命充滿生機和喜悅。

人道主義精神展現出與他人關係中的以人為本、利他主義、關愛他人、善良友好與周到細緻，有 3 種性格力量展現這種積極特質。

01. 善良：關心他人，照顧他人，幫助他人，奉獻他人，與人為善，助人為樂。

02. 愛：重視與他人關係中的和諧、親密感、支持感、親近感，互相諒解，祝福彼此。

03. 社會智慧：能夠感知周圍和他人的心意、意圖、需求、感受，知道如何處理關係，讓他人和自己都感到舒適。

社會公正屬於更廣大的群體範疇，人與集體、社會之間的關係，有 3 種性格力量屬於社會公正的。

01. 正直：不以個人情感為標準，公正、公平地對待每個人，給予每個人公平的機會。

第六節　人格：完整自我，由美德建構

02. 領導力：鼓勵團隊中每個人積極做好自己的工作，維護良好的集體關係，能夠想辦法促進集體效能、組織集體活動、維護組織秩序。
03. 團隊合作精神：身為團隊中的一員，做好自己的工作，與他們互助合作，忠實於集體。

節制可以幫助我們自我調節，重新平衡。當我們感受他人犯錯傷害到我們時會產生怨恨，過度的怨恨是對所有人的傷害，節制的力量保護我們免予報復和怨恨，寬容、憐憫幫助我們重新調節、重獲平衡。謙虛、虛心也是一種調節，幫助我們從自大、傲慢與自滿中清醒過來。審慎，也是一種節制的調節，讓我們免予冒險、莽撞、過度擴張。

01. 憐憫、寬恕：每個人在成長過程中都會犯錯，寬恕他人，憐憫他人。就如跟我們也會犯錯一樣，我們也一樣希望可以獲得重新改過的機會，重新再來的機會。
02. 謙虛、虛心：無論多好的成績，它會自己證明自己，我們仍需謙虛，並不斷學習；每個人都有長處，不要認為自己比別人都強，三人行必有我師。
03. 審慎：不莽撞地冒險，不孤注一擲，不衝動地行動。不做以後會後悔的事，不說以後會後悔的話。
04. 自我調節：平衡與調節自己的感受、生活節奏、情緒、欲望，平衡來自外界的回饋，始終知道自己要做什麼。

卓越與自我實現相關，它代表著人類上層的精神需求，是一種精神力量。具有卓越力量的人，有一種信念——不斷地投入、致力於創造一種非物質的卓越生活，可能代表著理想的、人類的、世界的、宇宙的、風險的、神聖的信念。

01. 對美和優點的欣賞：在生活中所有領域都有欣賞美、發現美、創造美的能力，從自然界、生活範疇的衣、食、住、行到藝術領域，數學、語言、科學領域都會有對美的無限追求。

02. 感激：對生活中和生命過程中發生過的點滴、遇到的人都可以花時間表達感激，並可以敏銳地看到生命中一切都蘊含著好事。

03. 希望：期待美好的事情發生，相信未來是美好的，願意為美好的結果努力。

04. 幽默：雖然幽默有時帶來麻煩，但這是令人愉悅的，為他人帶來歡樂，讓生活充滿歡樂，積極地看待所發生的一切，並可以製造歡樂。

05. 虔誠／靈性：對人的高級目標、宇宙意義的信念，對生命價值的信念，並以此來指導自己的生活、工作、行動，感受到生命意義的喜悅。

第二章
善用心理、意識與身體的互動作用

第二章　善用心理、意識與身體的互動作用

第一節　童年早期：
避免忽視溺愛，建立秩序自尊

　　1959 年，心理學家哈利・哈洛（Harry Frederick Harlow）將一隻可愛的剛出生的小猴從母猴身邊帶走，放進了一個有兩隻「人造母猴」的籠子裡，一隻是金屬製造的，一隻是絨毛玩偶。雖然金屬製造的母猴可以有奶水，但是小猴更喜歡摟著絨毛玩偶，當牠受到驚嚇時，也會去找絨毛偽裝的母猴。這是一項很有意思的發現，科學家們原本以為，一個柔軟的絨毛玩偶，可以替代母猴撫養小猴長大。但隨著小猴長大，心理學家們卻發現，這樣在早期被剝奪了正常交往關係的小猴，成年以後也難有其他正常形式的社會交往。

　　這個發現告訴我們，人類社會有時會造成怎樣的悲劇。安全感、信任、愛與歸屬感是人的底層需求（馬斯洛的需求層次理論）。

　　馬斯洛認為，對嬰兒來說安全感是尤為重要的，他們喜歡有愛的、有秩序的、可預測的、穩定的世界。放任自由，帶給他們的是一種混亂、無秩序和焦慮感，他們還太小，應付不來。即便是一個情緒穩定、可以應付很多事的成年人，即便他十分嚮往自由，仍然需要一種穩定與安全感的滿足。

第一節　童年早期：避免忽視溺愛，建立秩序自尊

我們大多數人如此嚮往安定性、確定性，購買保險也說明了這種安全感的需求。嬰兒時期的安全感，便是從父母持續、穩定、有愛的回應中建立起來的。

安全感獲得滿足以後，愛與歸屬感是緊隨其後的基本需求。孩子首先從父母那裡獲得愛與歸屬，然後是兄弟姐妹們、朋友的友誼，然後再展現在夥伴、社會群體的關係中。經歷轉學、搬家、移民的孩子，需要更多的時間重新建立愛與歸屬感。很多人在成年以後，頻繁變換工作，很難體驗到歸屬感，有的人試圖透過參加宗教團體、志工團體、各類興趣課程，重新找到愛與歸屬感的感覺。愛與歸屬感的需要，展現在人生中的每一個時期，缺乏愛與歸屬感的滿足是導致情緒失調，以及社會興趣缺乏的主要原因之一。

人格從嬰兒時期開始形成是心理學家們的共識。個體心理學之父阿德勒（Alfred Adler）在1981年針對714名憂鬱症患者的研究中發現，這些憂鬱症患者認為早期經驗中他們的父母是敵對、惡意與分離的。一項研究支持了這個發現，被忽視冷落的兒童報告出更嚴重的憂鬱、低自尊表現。在另一項報告中，體驗到被忽視的青少年（5至17歲年齡組），比沒有感到被忽視的青少年更多地發生高焦慮。阿德勒認為，來自父母的「忽視」可能造成錯誤的人生觀，因為一個從生命之初被「忽視」的孩子可能根本不知「愛與信任」是何物。在生命遭遇苦難的時候，高估苦難的程度，低估自己的價值與獲

第二章　善用心理、意識與身體的互動作用

得他人幫助的能力，會認為世界冷漠，而充滿了惡意。尤其是那些從一出生，就被遺棄的孤兒。這一類孩子，需要來自外界的幫助，讓他們相信這個世界存在可以值得信賴的人。

來自父母的無私給予，讓嬰兒從來到這個世界便體驗到愛與信任，是父母養育子女首要的任務。成為孩子可以信任的人──這個排名第一的任務假如失敗了，孩子若想在社會興趣上建立夥伴關係無疑就更加困難了。

當然，這世上並不存在「完全被忽視」的孩子。一個孩子成功度過了嬰兒時期，便說明他得到了照顧。

在心理學家們研究範疇裡討論的「忽視」是一種非常規的程度，但對想要努力給予孩子關注與回應的家長來說，知道這很重要，並努力去給予，直到這份愛與關心滿溢在孩子的整個成長中，孩子將會以他滿溢與整個世界的信任與愛，作為父母養育的回饋。

另一種導致兒童曲解生命意義的行為，是「溺愛」。被溺愛寵壞的孩子，認為他人滿足自己的意願是理所應當，從不考慮服務他人，沒有合作意識，成全他人是永遠不可能的事，眼中只有自己。

阿德勒的研究中區分了 4 種類型的溺愛：過度縱容、過度許可、過度控制和過度保護。

無止境地滿足孩子各種要求，會導致孩子專橫，只考慮

第一節　童年早期：避免忽視溺愛，建立秩序自尊

自己。不顧孩子的行為可能對他人和社會產生怎樣的影響而去允許孩子隨著自己的喜好去做事，會導致孩子忽視社會規則與他人的平等權利。還有一種專橫的父母，為孩子包辦一切，保護與控制過度，導致孩子成年後像「巨嬰」一般缺乏承擔，事事依賴他人幫助。還有處處小心、警告孩子各種潛在的危險，限制了孩子的探索，導致成年後出現從現實社會逃避問題的情景。

被溺愛的孩子，在成年後呈現出低自尊、自大自戀、缺乏同理心及合作精神、缺乏承擔。成人溺愛孩子，也是溺愛自己的展現。它代表的是理性邊界與秩序的缺失。

無條件的愛不等同於「予取予求」，在自由與規則之間找到平衡。有一句古話叫「沒有規矩不成方圓」，即便是廣袤無垠的宇宙天地，也不是無序混亂的，天地也同樣遵循著自上而下的「道」。我們小小的人類，更是如此。愛孩子，要從內在到外在，建構出秩序。

秩序與自尊相關。在父母家庭教育下，無條件的愛和支持、關注、規則的建立，需要達到一個平衡，能夠在規則與自由建立平衡，會幫助孩子建立更高的自尊感。

在養育孩子的過程中，我們要給予孩子無條件的愛和支持，同時也需要建立規則。主張以「愛和自由」為理念的兒童教育專家同時也主張為兒童「建立規則」，規則以「不傷害自

第二章　善用心理、意識與身體的互動作用

己、不傷害他人、不傷害環境」為主要的前提。關於建立規則的溝通技巧，在第八章之後的內容有更詳細的介紹。

在我們建立一項規則之前，也可以先了解人類行為的深層意義，心理學家們為了促進人類經驗的理解，嘗試了從多種角度理解同一個問題。彷彿我們透過一個彩色多面體去看一個物體，對它產生不同的認知，當我們眼中的世界變得更廣闊時，解決的方法也會更多、更靈活。

譬如，以「攻擊性」為例，心理學家們可以從 7 種觀點去理解。

心理動力學觀點：孩子的攻擊性源於無意識中的衝突，這種無意識是被壓抑的心理反抗和挫折，孩子可能在很小的時候被權威型家長嚴重的控制而不能反抗，不能獲得快樂感，這些挫折感、反抗深埋在無意識中，成為「攻擊性」的動力。

這種歸因下的「攻擊性」，要解決無意識中的挫敗、反抗、被壓抑的意識。

行為主義觀點：緣由是在行為上的規範與強化出了問題，例如，孩子在過往的攻擊性反應中受到了外界強化。一個打了同學或者兄弟姐妹的孩子會得到某種特殊的「關注」，或者打人這種行為，都是從打孩子的父母那裡學來的。

這種情況的歸因是找到行為的刺激原因和結果，釋放掉這種因果關係。

第一節　童年早期：避免忽視溺愛，建立秩序自尊

人本主義觀點：關注人類經驗和潛能，找到「攻擊性」背後的自我限制或沒有完全激發的潛能，將這種「攻擊性」與價值觀、目標、生活方式重新搭配，將破壞力轉化為創造力、欲望。

認知觀點：這種觀點認為「攻擊性」源於人們目的暴力行為時經歷的攻擊性行為的想像和幻想，以及產生的被攻擊或攻擊他人的意圖。這是透過語言、影像、電影、圖片、他人經歷，對人產生的心理和思維的影響。

這種情況需要化解思維，認知心理過程，減少刺激源以及覺察自我思維過程。對於兒童，需要有成人糾正認知。

生物學觀點：這種觀點關注腦與神經系統，研究以生物學和化學為基礎，例如，嚴重「攻擊性」在腦部有什麼特徵，女性的月經週期時腦神經、化學變化對攻擊性的影響。

這種情形需要透過鍛鍊、冥想、呼吸等練習，訓練腦部，改善腦與神經系統的方式來調節。

進化論觀點：「攻擊性」是進化發展的需要，人們有或戰或逃的本能。以發展進化的角度，關注早期的生長環境是否會發展出攻擊性的適應性，以及在什麼情形下，會有選擇地使用「攻擊性」。

社會文化觀點：關注不同的社會文化，人們如何解釋、顯化「攻擊性」行為。在世界範圍的每個文化之間，攻擊性有共性也有差異性。

■ 第二章　善用心理、意識與身體的互動作用

第二節　生理缺陷：走出一條偉大而非凡的新路

　　1982 年的冬季，在澳洲一個普通的家庭裡迎來了一個新生命，他很特別，剛一出生就沒有四肢，只有左側臀部下一個帶著兩個腳趾頭的「小腳」。他叫力克·胡哲（Nick Vujicic），儘管天生嚴重殘疾，但是他的父母並沒有放棄他，他的父親是一名工程師，教會他用僅有的「小腳」寫字，母親是一名護士，父母把他送進一所小學讀書，希望胡哲受到教育，可是在學校裡，他飽受嘲笑與欺凌，在他 10 歲的時候，他試圖在家中將自己溺死在浴缸裡，但沒有成功。

　　父母和教會人員以各種方式引導他重新看待自己的身體和生命，19 歲時胡哲開始向學校推銷自己的演講，在被拒絕了 52 次後，他終於獲得第一個機會，為大學演講 5 分鐘。自此以後，他的足跡遍布全球，無數掙扎在困境與絕望中的人被他鼓舞。他用殘疾的身體卻無比堅韌的意識向世界證明，人生是沒有限制的。胡哲向人們分享逆境的故事、堅強的經歷，他相信，只要自己所做的一切能夠改變一個生命，那麼一切都是值得的。他相信了，於是他做到了。他身上寶貴的精神成就，甚至遠遠超越了許多健全的人。

第二節　生理缺陷：走出一條偉大而非凡的新路

　　這個故事裡的力克・胡哲，是一個奇蹟。奇蹟的發生，是因為有人相信會有奇蹟。

　　個體心理學之父阿德勒認為，生理缺陷的孩子如果沒有受到積極地引導，很容易曲解生命的意義。那些天生殘疾的兒童，心智發展相對正常兒童會較緩慢。他們需要比正常兒童付出更多心智上的努力和意志力，才能達成同樣的目標。往往他們沒有時間精力去關注自己以外的人和事，缺乏社會感情，缺乏合作的精神。如果在成長的過程中，經歷過嘲笑和欺辱，可能會更加自卑。這是很嚴酷的事實，並不是每個人都可以成為一個「奇蹟的力克・胡哲」，他們需要有來自外界的支持、積極的引導，引導他們用不同的眼光看待生命，並重新認知自己。

　　許多天生殘疾的人，學會了將原來的短板轉化成優勢，透過找到適當的訓練技巧，透過訓練、不斷地練習，使他們成功地將自己的弱勢運用起來。貝多芬（Ludwig van Beethoven）的許多鋼琴曲是在耳聾的狀態下譜寫的，有許多的畫家、作家、詩人飽受視覺障礙的影響。因為想要克服障礙、跨越障礙，不斷地訓練所達到的程度，與那些從來沒有花心思去訓練自己的聽覺、視覺的普通人相比，反而獲得了更加卓越的結果。他們假如可以找到心中的熱情，發掘出感興趣的目標，便藉助正確的技巧，不斷練習，可以將原本的劣勢轉化為優勢。

第二章　善用心理、意識與身體的互動作用

但是，只關注弱勢是一種很笨拙而且適得其反的行為。

對孩子和家長來說都是如此。只想著自己在某一方面不好，並想從中脫身，其實很難取得真正的進步，想要跨越巨大的障礙，要將關注點放在「將來的我一定會更好」，為了一個可以點燃心中熱情，甚至是服務於全人類的宏偉目標去行動，這種渴望與熱情會遠遠地超越當下練習時承受的挫敗感。

對家長來說，過度強調也會適得其反。譬如，教師的孩子冥頑不靈，警察的孩子施行暴力，通常發生這樣的情況，家長越是想糾正，孩子反而更加對抗，他們用一種消極對抗表達自己是有自己的意願的。

因此，心理學家認為，只是想著改變自己的弱勢是不夠的。人的興趣和關注點應該落在一個比自身更大的目標上，這個目標所帶來的成就將遠遠超越一切阻擋他的障礙，障礙因此而顯得渺小，只有這時，孩子才能打起精神，振作起來，穿越這些障礙，走向一個更加宏偉的生命藍圖。

再回憶一下力克‧胡哲的例子，你就能夠明白這個道理。當他將自己的整個生命，視為向整個世界與人類的奉獻，以自身的生命經驗去彰顯生命的寶貴，他真正地實現了生命的價值。

第三節　自我防禦：矛盾衝突再大也要用愛化解

　　佛洛伊德（Sigmund Freud）的理論中，人格具有 3 個面向：本我、超我和自我。本我與超我總是在矛盾衝突中依靠自我來調節。本我是一個人的原始動力驅使，超我代表一個人的價值觀在社會中習得的道德態度。自我是基於實際的、關於物質和自身所處社會現實的觀點。

　　本我和超我，有時發生了妥協，不被調和的部分並沒有消失，而是隱藏在不被察覺的無意識之中。壓抑，作為一種心理保護機制，此時自行運轉。

　　很多時候，不論是孩子還是父母，都會遇到一種內在衝突的矛盾狀態，當自我在尋求表達本我衝動與否定它的超我要求之間的日常衝突中尋找一種保護身心的心理策略時，就發生了這種機制── 自我防禦。

　　一個兒童可能心中強烈憎恨他的父親，但是由於他太弱小，付諸任何行動都會帶來危險，壓抑這種感覺就會安全。因此，漸漸這種敵對衝動會隱藏起來，雖然它不會被看到，卻沒有消失。這種壓抑的情感始終在人格功能中產生影響，

第二章　善用心理、意識與身體的互動作用

他可能會繼而建立起對父親強烈的認同感，增加自我價值感，並減少內在敵對衝突被發現而產生的無意識恐懼。

有時，被壓抑的衝突會在情緒中浮現出來，人們會感到無名情緒或焦慮，這是一種危險訊號，此時人們會產生進一步的自我防禦。例如，一位不得不放棄工作在家照顧孩子的母親，心中產生焦慮時將會動用自我防禦機制，因為心中的負面想法必須扭轉，負面的焦慮情緒會轉化為「導致我斷送職業生涯，這事我不能怪我的孩子」，進而變為「看，我放棄了工作，我是多麼愛我的孩子」。這種自我防禦，也是我們自身緩解焦慮的一種功能。

這種自我防禦，是一種壓抑、自我欺騙。雖然很多時候它奏效了，但人們花了大量時間和心理能量去偽裝，這是一種不健康的心理狀態。有很多研究證明，對於個人創傷的壓抑導致心理上的痛苦。

這種衝突是來自外部壓力和內在衝動之間的衝突，衝突越嚴重壓抑得越嚴重，而壓抑得越嚴重就越痛苦。通常所壓抑的是內在追求超越的努力，壓抑的結果是對自己無法自我實現，無法自立的怨恨。

佛洛伊德只提出了壓抑導致痛苦的經驗，並沒有給出解決方法，關於釋放壓抑，解決這種矛盾的方法存在於後來人的研究結果中。

第三節　自我防禦：矛盾衝突再大也要用愛化解

一種解決方法是人本主義學派，其核心是不斷強調自我實現的驅動。

自我實現有時會在個體需要自己認可和他人認可之間產生衝突，尤其當這種需要必須以滿足某些限制和先決條件時，衝突就很明顯。

卡爾・羅傑斯認為，在兒童成長過程中，無條件的積極關心非常重要。父母在教育孩子的過程中，強調的是孩子某種行為上的錯誤，但不是對孩子本身的不認可。孩子不必努力做到一些條件性的事去獲得父母的關愛，儘管他們會犯錯，表現不完美，但他們永遠會被接納、被認可、被愛。

不僅是兒童，成人也需要最親近的人在何種境地都給予自己無條件的、積極的關注，而不是總被糾正，試圖被改變。

卡倫・荷妮也是主張人本主義理論的心理學家，她認為這種「自我悅納」非常重要，它可以為兒童創造出一種良性環境，讓孩子在愛中感受到自由，更可以真情流露，還可以在情緒、自我、認知上自然發展出完整性。假如缺乏這種無條件的接納，很容易阻礙了人與人之間有效關係的建立，這種焦慮感會導致「自我防禦」機制的啟動，造成對抗、疏遠以及自我人格中總是存在的矛盾。

人本主義學派的主張有一種先天傾向性，認為人先天具

第二章　善用心理、意識與身體的互動作用

有完整性，自性圓滿，外在環境很多時候是一種限制和障礙，一旦可以將外在環境的負面影響降低到最小，人自身的自我實現會驅動，會引導個體選擇更開闊的環境，自發地創造、成長。

人本主義與佛洛伊德的精神分析還有一個不同之處，就在於人本主義不認為過去的經驗會主導人的行為，不提倡反覆咀嚼過去的痛苦經驗，而是更關注人內生的創造力，關注不斷改造會讓生活更加美好。

最明顯的例子，是當我們閱讀名人傳記時，在不同境遇下的個體展現出的卓越精神動力，便可以代表這種觀點——每個人都擁有無限的潛力，每個人都可以追求自我實現。

第四節　自我價值感：既不自卑，也不優越

　　個體心理學之父阿德勒認為，每一個人都有永遠存在的自卑感，這是我們做出超越行為的驅動力。自卑感是人類所共有的，因為它源於嬰兒時期，每一個嬰兒都是弱小的、無助的，完全依賴成人。當嬰兒意識到父母擁有更大的權力和力量，自己無法抵抗，便產生了這種深深的自卑感。但這種自卑卻是人類不斷奮鬥的動力。

　　我們看到很多例子，有些人成為醫生或藥劑師，是因為他們在年紀很小的時候就面臨過疾病或死亡，或許是家人或兄弟姐妹的死去，來自生命不安全感，讓他們在之後的發展中，致力於為自己或他人找到對抗死亡或疾病的方法。

　　人們的一生為很多東西而努力，不斷地想要超越是生命的基本現象，這種超越作為人生的終極目標，並不代表只想超越其他人，而是想要超越自己，透過努力讓自己變得更加完美。如果這個目標還能包含有利於他人和更廣泛的社會，那這個目標就擁有社會情感的高度，擁有不同高度目標的人，在行為上表現出來的品格也是不同的，當一個人的目標被清楚地勾勒出來時，那麼他的潛能就會被激發出來去搭配

第二章　善用心理、意識與身體的互動作用

他的目標。無論在任何情況下，一個人都願意努力突破這些限制來實現他的終極理想，也正是這個過程，推動了人類和社會的發展。

在孩子成長的過程中，會經歷許多嘗試，有的嘗試成功了，有的嘗試失敗了。從嬰兒時期，第一次把玩具扔出小床，第一次把抽屜裡的東西翻出來，嬰兒便開始了嘗試和探索。父母給孩子的正向關懷會塑造孩子的價值感。這是心理學家羅傑斯提出的 —— 有條件正向關懷，父母看到嬰兒做出各種反應，有的給予支持，有的給予責備，有時父母覺得讓他們喜悅的行為是可以接受的，讓他們厭煩的行為是不能接納的。因此，嬰兒逐漸學習到有的行為可以得到父母的獎勵，有的則不會。因而學習到的價值感，是內化了父母的標準，根據父母的定義來看待自己有價值還是沒有價值，好或者壞。這種思維信念也會延伸到成年以後。

阿南朵（Anando）是一位知名心理治療師，在她成為心理治療師之前是一位金融從業者，她努力工作，表現優秀，成為一名金融記者，收入豐厚，但她在生活中的經驗與自我概念的不一致讓她身心疲憊。她覺得自己總是試圖取悅他人，只為了獲得他人認可、重視，而放棄自己的尊嚴。這源於她兒童時代的深刻信念，總有一種深深的無價值感，覺得自己不夠好。最後，她在自己事業功成名就時，放棄了收入豐厚的工作，成為一名心理治療師。

第四節　自我價值感：既不自卑，也不優越

自卑與超越總是結伴而行，理想的情況下，是我們在成長過程中學習到抑制不被接納的行為，但同時不會否認和扭曲不被接納的理解世界的方式。自我概念和經驗之間是否有一致性，決定了心理的健康水準，也就是我們的自我價值感。

羅傑斯提出，具有完善的自我價值感，是心理的發展和社會演化所期待的結果。自我價值感完善的人具備這樣的特質。

對自己過去的成績，不論結果好壞，都能敞開接納。

對即將結束或已經結束的人際關係，都可以敞開接納

對所有的經驗，都可以保持好奇心、求知欲。

認可自己的行為，選擇。

勇於自由做出選擇。

擁有創造力。

能夠採取主動。

持續地追求成長，持續地追求最大化的個人潛能。

其實，在每個人腦海中都不斷有一個批判聲音，這些從年幼就開始的批判聲音如影隨形，它們來自過去的失敗（錯誤經驗）時聽到的批判，後來內化為自我批判的機制。但是，自我價值感很好的人，會更好地接納自己，他們對於積極的感受，比如，勇氣、進取、親和都接納，同時對於消極

第二章　善用心理、意識與身體的互動作用

的感受,比如,恐懼、失落,也是開放的態度。

他們相信自己的智慧、理智判斷,也能接納社會規範,他們可以將所有資訊整合起來,做出正確的選擇,他們擁有理智,但是當他們自由、勇敢地做出自主決策的時候,會顯得情緒化、直覺化。因為他們相信,未來取決於自己的行動,要自己為自己負責,而不是依賴於外部環境,因此他們在做出選擇時,更加自由、勇敢。

自我價值感完善的人,他們理解當環境改變時需要積極適應。他們不會因為過於追求安全感,而不敢走出舒適區,因此他們接納失去、告別、失敗、改變,他們非常靈活、主動地尋求新的經驗和挑戰。

心理學家為了發現自我價值感在孩子早期教育中的影響因素,他們做了許多觀察,透過比較 56 個家庭發現了一條重要的因素:母親的自我接納程度與孩子的自我價值感完善相關。

研究發現,能夠實事求是地接納自己的人,也可以更好地接納他人。能夠自我接納的母親與無法自我接納的母親有顯著的差異,能夠自我接納的母親更能接受孩子的天性,孩子的自我接納程度也取決於母親的自我接納程度。

對成年人的研究也發現,自我接納程度高的個體,有更積極的發展。

第四節　自我價值感：既不自卑，也不優越

　　許多研究都支持這一觀點：相比無法接納孩子的權威型父母，無條件接納孩子的民主型父母能夠養育出更高自尊水準、更高情緒安全感的孩子。提供無條件正向關懷的父母，支持孩子無限制表達自己的父母，能夠養育出更有創造性潛能的孩子。

■ 第二章　善用心理、意識與身體的互動作用

第五節　心理與外形：快樂的孩子擁有更健康的體魄

　　無論是現代心理學家、生物學家，還是古代醫學家、禪學家都指出身體與心靈之間擁有密切的關係。

　　文學作品中的人，將身形與性格一同塑造，可以傳達給讀者這個人是個什麼樣的人，這樣的例子實在是太多了，比如，莎士比亞（William Shakespeare）戲劇中的尤利烏斯，「圓圓的腦袋，整夜安眠」，還有曹雪芹筆下的薛寶釵，「體態豐滿，肌膚白皙」，這一類型的人生理層面上覺得自己很健康，心理上沒有煩惱，心理學家稱他們為「外向者」，這一類人的身體不會帶給他們焦慮。

　　還有一種類型的人，屬於神經質類型，或者被心理學家們稱為「內向者」，他們通常身形消瘦，頭尖尖的，這類人通常對自己的身體有感到困擾，成長過程中偏向悲觀，更加內向。比如，莎士比亞戲劇中的卡西烏斯，被描寫成「飢餓消瘦、思慮太多」，還有曹雪芹筆下的林黛玉，「態生兩靨之愁，嬌襲一身之病。淚光點點，嬌喘微微」。還有人們常說的「胖和尚、瘦道士」，都代表人們對心理、性格與外形之間的連繫已經有了一些經驗上的認知。

第五節　心理與外形：快樂的孩子擁有更健康的體魄

但這種簡單的分類並不完整，專門研究這一課題的心理學家也承認存在很多混合的類型，而我們需要關注的是長期的生活習慣、心理習慣將人們塑造成怎樣的個體，精神上的完整性是更加重要的。

心理學家認為，在集體意識中存在著一個健康的標準，偏離這個標準太多的人會被集體認定為不被接納。大多數人不喜歡那些具有明顯身體特徵的人，太胖太矮，容貌醜陋或畸形，人們通常避之不及，因此在無意識中，人們認為這些人是無法與之合作的，這是集體意識中的錯誤，因為人們的判斷基於經驗，所以很難糾正，對於身體有明顯缺陷的人，自身缺陷被放大，心理學家並沒有找到糾正集體意識的有效做法，但是發現有一些少有個例，他們超越了集體意識的限制，實現了自我。

在古代醫學相關的觀點中認同心理與身體存在連繫，例如，《素問·宣明五氣篇》記載：「五臟所藏：心藏神，肺藏魄，肝藏魂，脾藏意，腎藏志。」中醫認為「肝藏魂」，肝氣不可以不壓制，魂可以看作人的使命，就像人生的使命，同樣不可以被扭曲或忽視。「腎藏志」代表腎氣強壯，人更有志氣、膽識、意志力。在《類經·藏象類》記載「神氣為德，如光明爽朗，聰慧靈通之類皆是也」「是以心正則萬神俱正，心邪則萬神俱邪」，關於人體與心靈之間的關係，古人探尋已久。

第二章　善用心理、意識與身體的互動作用

　　現代心理學家和腦科學家們,也發現運動對大腦前額皮質和腦細胞的發育有很重要的作用。運動除了帶來更健全的外形、健康的體魄,還可以塑造人的意志力,意志力對於人的生活、工作、人際關係等起到非常重要的作用,更多關於意志力的話題在第四章中會有更多的討論。

　　波士頓有一家非營利性組織——Sole Train,有一個針對高危機青少年的馬拉松訓練計畫,這個計畫針對的孩子90%是創傷後壓力症候群患者,有的生活在貧困社區。有40個志工參與了這個計畫,幫助150名高危機青少年。他們制定的目標是「不和任何人作對,自己與自己競爭」,他們能夠給予孩子們的支持便是陪伴他們跑馬拉松訓練。

　　他們在每個週末訓練,所有人站成一個圓圈,手臂搭在身邊人的身上,互相支持,他們輪流走到圓圈中,說出自己的目標或給他人的鼓勵,有人會說:「我希望自己慢慢跑,有人一直在我身邊陪伴。」有人會說:「我希望大家都能堅持。」這拉近了每個人之間的距離,增強了他們的連結感。然後大家開始做拉伸熱身運動,之後他們會互相陪伴著,跑完5千公尺。這個過程很艱難,但是每個人都在堅持,向自己挑戰,或者互相加油。

　　在所有人都完成了5千公尺的比賽以後,大家再次站成一個圓圈,分享自己的感受。他們大汗淋漓,但是都充滿了

第五節　心理與外形：快樂的孩子擁有更健康的體魄

成就感，有的孩子會說：「這太痛苦了，但是讓我感覺很棒。」有的孩子會說：「我們大家都完成了，這真好。」還有的孩子會說：「我很高興成為你們中的一員，感謝大家。」

這是一項成績卓越的訓練項目，在訓練開始之前，這些孩子有的在接受創傷後緊迫反應治療，有的因為噩夢夜不能寐，有的在清早喝得醉醺醺的去上學，但是他們在一年的馬拉松訓練之後，表現出驚人的自律、領導力、親和力、團隊合作意識，他們能夠挑戰自我，完成 5 千公尺的馬拉松，可以自信地和同伴導師交流，還能夠支持他人並懂得感恩。這對普通的孩子來說，都是難得的可貴品德，何況對於曾經身陷困境的高危機群體。

因此，當我們去考慮孩子的性格、心理問題時，並不能僅僅「頭痛醫頭，腳痛醫腳」，我們需要整體地看孩子的生活方式、身體狀況、生活環境。心理學與生物學是一體，心靈與身體互動作用。當我們考慮精神、心理的完整性時，還要把身體一同考慮進來，才是真正的完整。

第六節　拖延的習慣：
不知不覺中消耗的是健康

　　教師安排了一項作業，教授交代了一篇論文，這都是在學習生活中經常會遇到的壓力事件，在面對這樣的壓力事件時，一些學生選擇儘早完成，還有一些學生總是喜歡拖延到最後一分鐘。究竟怎樣選擇自己的行為，對自身更加有益？

　　心理學家設計了一套測量方法，量化拖延與不拖延的學生的行為，監測一整個學期提交論文的過程中的拖延情況，以及學期末身體是否出現了不適的症狀。結果顯示，拖延的學生在學期末身體出現不適症狀的情況是不拖延的學生的兩倍。

　　那些不拖延的學生，在學期初感到了壓力，隨著逐漸完成課業任務，壓力逐步減輕。而習慣拖延的學生，隨著拖延的時間流逝，壓力堆積增多，恰恰到了學期末最需要以最佳狀態來應對的時間裡，他們卻「病」得很厲害。

　　盡量在時間線之前搶先完成的心態是更好的行為策略。如果孩子有習慣性的拖延，就要去改變這一行為習慣，因為其代價不僅僅是成績，還有健康。

第六節　拖延的習慣：不知不覺中消耗的是健康

在成人的生活中，拖延也展現在很多方面，如果一段時間你感覺到精神不振與疲憊，就去檢視自己的生活中堆積了多少未完成的事項，未付的帳單，未採購的燈泡，未兌現的承諾，將這些拖延許久的代辦事項清零，你會發現原來有這麼多不知不覺中被消耗掉的能量。

在審視自身的拖延情況時，還可能發生一種無意識的拖延，其中包含著一種因「罪惡感」而引起的惡性循環。為了驗證「罪惡感」會加重自我放縱的心理，心理學家設計了一項實驗。

這項實驗邀請了一些正在節食減肥的女性，將她們分為兩組，這兩組女性都吃了一整個巧克力甜甜圈，然後為了讓她們獲得飽腹感又請她們喝了一整杯水。飽腹感增加了節食中的女性的心理罪惡感。心理學家對其中一組女性，採取了一切減輕罪惡感的措施，例如，告訴她們偶爾讓自己緊繃的神經放鬆下來是有好處的，不必為剛才吃了一整個巧克力甜甜圈而感到自責，而對另一組女性並沒有採取這樣的干預措施。接下來，心理學家又對這兩組女性分發了其他種類的甜食，包括彩虹糖、糖漿鬆餅、巧克力，心理學家告訴這兩組女性，她們需要試吃每一種糖果，並按照自己的喜好為這些糖果排序，試吃多少都隨意。

結果，沒有採取干預措施的女性，由於已經有了「罪惡

第二章　善用心理、意識與身體的互動作用

感」，認為自己的節食減肥計劃已經失敗了，那再多吃些糖果也沒什麼關係，最終吃下了更多的糖果。在測試結束以後，心理學家秤重了分發給每個人的糖果碗。擁有「自我原諒」的女性吃下了 28 克糖果，而帶著「罪惡感」的女性吃下了 70 克糖果。

這個實驗的結果幾乎違反我們對於「嚴格自制」的常識，我們都認為對自己嚴厲一點能夠更加自制，但事實卻是相反的，「苛刻地對待自己」並沒有讓自己承擔更多的責任，反而消耗了自我效能感和堅持的意願。

同樣有調查專門觀察了考試拖延和自我原諒之間的關係，心理學家專門追蹤了那些有過拖延行為的學生，他們對自己第一次拖延的態度越嚴厲，越有可能在下一次考試前變得更加拖延。反而那些能夠原諒自己的學生，可以很快地從錯誤中恢復過來，擺脫失敗後的失落情緒，更快地振作起來。

對於年齡很小的孩子，嚴格要求他們是必要的，他們需要透過嚴苛自己來學會自律。但是對於已經成長起來的青少年，嚴格批評自己並不會讓他們有更好的表現。相反，出人意料的實驗結果告訴我們，自我原諒的人更有可能承擔責任，更有可能在挫折面前接納別人的建議，並從失敗中學習如何重新站起來。

第六節　拖延的習慣：不知不覺中消耗的是健康

每個人都是凡人，都會遭遇壓力的測試和意志力的考驗，這便是我們學習與成長要經歷的過程。為了你的身體健康，盡量不要拖延。為了你的心理健康和未來更好的表現，更要學會自我原諒。

第七節　誠實可貴：
長期說謊會改變大腦的結構

帕坦伽利（Patanjali）在瑜伽經典的講述中，道出關於語言的真相：「一個從來不說謊的人，他的語言是潔淨的，這樣的語言具有不可思議的力量。」

如今，研究人員在解析人類語言的形成、大腦運作機制，以及人們講話時大腦與身體的一系列反應後，證實了先哲的話。

現代社會中，人們在交流的時候，努力達到情感互動、商業與協商目的，「誠實真實」成為有限條件下可妥協的一個標準。有一份報告調查顯示，多數人平均每天說謊 1 到 3 次。想像下一個人每天說謊 3 次，若按照先哲的標準，他的語言可絕對算不上「潔淨」，更談不上帕坦伽利所言的「具有不可思議的力量」了。

為什麼人們喜歡說謊呢？研究人員發現，說謊分為兩種情形，一種情形是程度較輕的謊言，這樣的「小謊」看起來似乎無關緊要，從說謊動機來說，主要是為了「避免尷尬」、「減少麻煩」，比如，約會遲到的時候，可能會隨口說出「因為塞

第七節　誠實可貴：長期說謊會改變大腦的結構

車」；沒做作業，隨口說出「忘帶了書本」。另一種情形是程度較重的謊言，它通常是隱瞞個人過失、隱瞞私情。說出這樣謊言的動機，是為了實現個人的利益和特權，而做出欺瞞他人的行為。

對於這兩種不同輕重程度的說謊者，研究人員分別研究了他們編造謊言的心理機制。那些為了「避免尷尬」、「減少麻煩」的小謊，並不一定「避免了尷尬」或者「節省麻煩」，這要看情況。研究人員發現，如果你已經提前預料到有人會問問題，並且提前編造好了一套「謊言」，這時你說出來的「話」會較為流利，假如你需要當場回答一個尷尬的問題，說謊者講話會不流暢，合理性低，並提供不出相關細節。

研究人員用功能性磁振造影掃描那些因為犯錯而說謊的人的腦區，由於錯誤而存在的內疚感，會導致說謊時負責計劃、語言以及情緒部分的腦區異常活躍。從情緒、心理、大腦、身體層面上來講，說謊都不是一個很好的體驗。

當研究人員檢測那些長期說謊、高頻率說謊的說謊者的腦區時，還有進一步的發現，這些說謊者的腦結構功能性磁振造影結果顯示，由於長期「說謊練習」，更多類型的大腦組織參與了這項組織編造活動，以使神經元之間彼此傳遞資訊，大腦前額皮質負責控制計畫的重要部分與普通人明顯不同，使他們非常善於編造謊言。那些「詐騙集團」中的騙子總

是如此讓人氣憤,原因可能是這些高頻率說謊者用長期謊言的習慣改變了自己的大腦結構。

　　就像人人都明白要有良好的生理衛生習慣一樣,我們的語言衛生也要建立習慣。不論是一個「小謊」,還是一個「大謊」,甚至是我們所說的「善意的謊言」都應該避免。如果你為了不傷害某些人的情感,而不說出真相時,你可以選擇「我什麼都不想說」,代替一個刻意編造的謊言。相比懲罰一個說謊的孩子,去了解謊言背後的動機以及創造一個鼓勵誠實的環境,更加重要。

　　「誠實」是一項重要的語言衛生習慣,它能幫助你擁有更健康、更潔淨的大腦,也能帶給你無限的「力量」。

第三章
遵從生理節律

■ 第三章　遵從生理節律

第一節　制約反射原理：累積小的進步，取得大的成果

1904 年，俄國生理學家伊凡‧巴夫洛夫（Ivan Petrovich Pavlov）意外地獲得一項心理學領域的重要發現，並獲得了諾貝爾獎。他在研究消化系統的時候，意外地發現了心理學上一個重要研究結果，這個重要的發現，就是「古典制約」。

這個著名的被稱為「巴夫洛夫的狗」的實驗，最初的研究是用一種特殊設計管子植入狗的消化器官，將分泌液匯入容器，並進行測量分析。為了獲得消化器官的分泌液，巴夫洛夫的助手將絞肉重複放進狗的嘴裡。在這個過程重複了很多次以後，巴夫洛夫發現狗表現出超乎他意料之外的行為——在絞肉還沒有放進嘴裡之前，狗就開始分泌唾液了，後來當狗聽見助手向自己走來的腳步聲時，就已經開始分泌唾液了。這激起了這位生理學家的興趣，他放棄了生理學對消化系統的研究，轉向了這種「古典制約」的心理學研究，從此改變了心理學發展的程序。

擁有豐富實踐經驗和技巧的巴夫洛夫，依照簡潔而效應一流的程序逐步發現了能夠使狗制約反射地分泌唾液的必要條件，他每隔一段時間，先給予一定的刺激條件，然後再給

第一節　制約反射原理：累積小的進步，取得大的成果

狗餵食。起初，一個聲音可能對狗來說毫無意義，狗的反應只是豎起耳朵，或者搖搖尾巴，隨著聲音與餵食的反覆搭配訓練，分泌唾液的反應出現了。在可控條件下，聲音就可以制約反射性地引起狗分泌唾液。在實驗中，燈光、聲音等訊號，都可以經訓練搭配一個條件性的反射。

這項發現為人們打開了一扇窗，很多最初的無制約刺激才可以具備的刺激，可以由無制約刺激來獲得影響行為的力量。人類似乎天生就有這種能力，透過不斷地學習，獲得了進化，人類學習的產生，最初就是因為「古典制約」創造出的這種 CS-CR（制約刺激 —— 制約反射）的連繫。

「古典制約」可以幫助我們理解很多現實中的行為，有時是正向的，有時是負向的。

「一朝被蛇咬，十年怕草繩」描述的就是一個「古典制約」情景。曾經被狗咬過的小孩，一旦看見狗，就可能會有強烈的恐懼，以及一系列心理與生理的反應。還有一種常見的負面場景，如果你看過恐怖電影，有時只要某種類型的背景音樂或音效響起，你就已經體驗到了某種可能與之連繫的電影畫面，而感受到反射性的生理與心理厭惡。這都是在我們無意識情景下，學習到的「古典制約」，所建立的 CS-CR 連線。

還有一些正面的「古典制約」的運用，比如，看到我們喜愛的明星偶像所代言的產品，儘管還沒有體驗過產品的品質

第三章　遵從生理節律

與效果究竟如何，我們已經對它有了一定程度的「熱愛」。

我們都在無意識中受到「古典制約」的影響，如果沒有經過特別的訓練，光靠我們的頭腦分析思考，是無法克服它的影響的。最能測試你對這種現象理解的問題是：如果一塊做成「狗屎」形狀的蛋糕擺在你面前，你會願意嘗一嘗嗎？

在學校裡，總是有一些逃學曠課的學生，他們在沒走進教室之前，可能就感到某種「制約反射」引起的厭惡，促使他們無法走進教室。也許是反覆的挫敗感、否定、批評、排斥、諷刺或嘲笑，建立起的制約反射。

有時教師或家長，會無意識地創造出一種「古典制約」讓自己和孩子都對他們共同度過的教學時間倍感壓力，還沒有開始學習，就先感到頭痛了。你有沒有說過這樣的話：「一想到輔導孩子做作業，我頭都大了！」「又要上課了，真是不想去！」好好思考一下，你無意識中，已經反覆地訓練自己和孩子建立了什麼樣的「制約反射」連線？是來自家長和教師的責罵侮辱，建立了孩子的頭昏腦脹和自己的血壓升高嗎？

常在生活中思考「古典制約」如何影響我們的讀書行為會讓我們的投入與產出都更加輕而易舉。

「古典制約」可以讓我們的感受與情緒放大數倍，不論這種影響是消極的還是積極的。設想一下，一個光線明亮、空氣清新的教室，教師帶著嚴厲感與親近感，接納每個人的不

第一節　制約反射原理：累積小的進步，取得大的成果

同，共創的是一個充滿挑戰、令人感到新鮮與興奮、感受到接納感與歸屬感的學習情景，這會給學生建立什麼樣的「古典制約」？當學習與一種可以重複的興奮感去連線的時候，會有什麼樣的效果？

最重要的仍是正視自己，從內部創造激勵自己的動機。無論在學習、在外部可能被什麼樣的機制所影響，改變我們的理解動機遠比改變我們看不見的影響更容易。

1960年代以後，隨著心理學家們對「古典制約」更加深入的研究，在突破環境與行為關係的影響時，更多思考個體基因遺傳的天賦或限制。其中一個領悟是從老鼠身上獲得的，這是一種強大的學習機制，發現這個機制是從研究老鼠的天生本領中得來的，這個機制被心理學家們稱為「味覺厭惡學習」。

老鼠天生就可以品嘗各種食物，每當遇到一種新的食物時，它們只吃一點點，只有沒有不舒適感的時候，才會確定再去吃同一種食物。僅僅透過一次不舒適的體驗，它們永遠都可以辨別出這種「有害」食物。這就是「味覺厭惡學習」機制，不同於「古典制約」的多次重複訓練形成配合，「味覺厭惡學習」只需經歷一次記憶深刻的體驗就可以形成反應連結。

在老鼠的「味覺厭惡學習」機制的基礎上，研究人員設計了另一個實驗：研究人員訓練老鼠練習轉動輪子，在練習之

前喝杏仁味的飲料。老鼠每天都要練習 3 個小時。在完成練習任務後，老鼠喝另一種橘子口味的飲料。經過一段時間，研究人員開始測試老鼠對飲料口味的偏好，讓牠們隨機選擇不同味道的飲料。結果非常有趣，老鼠都不喜歡在練習之前喝到的那種飲料，但是更偏向於喜歡完成練習之後喝到的那種口味的飲料。

很多人都有過類似的感受，當適應了某項運動以後，更加喜歡運動之後的感覺。老鼠對飲料口味的選擇也說明了，透過大量練習所帶來的積極感受，遠遠超過了開始練習前的抗拒感。下一次，當你想開始一項運動或技能訓練前，只需簡單相信，完成之後所帶來的積極感受會遠遠超過眼下的障礙，就可以更好地激勵自己去行動。

心理學家為了研究行為塑造的各種方法，訓練過狗操縱按壓桿，貓逃脫籠子，可謂竭盡所能，在這些有趣而意義深遠的合作中凝結出許多具有實用意義的經驗，譬如，如果你想訓練老鼠學習一項全新、複雜的行為，你需要一套科學的方法──連續接近塑造法。這套方法的具體操作指導就在於，你要對任何連續接近並最終與預期目標反應相配的行為去做強化。

這套方法已經被體育界運用在了強化訓練上，並取得了很好的效果。1997 年，一位 21 歲的撐竿跳高運動員與研究

第一節　制約反射原理：累積小的進步，取得大的成果

人員共同合作，糾正他在撐竿跳高中遇到的技術問題。這位運動員的技術瓶頸是，在起跳前無法充分地完全伸展自己的手臂使撐竿高於自己的頭頂。在干預訓練之前他的平均成績是 2.25 公尺的高度，根據測量，他理論上是可以實現 2.54 公尺的最大潛能高度，這次的實驗目的是幫助他實現這個目標。

研究人員設計了一個電光柱裝置，當運動員達到某個理想目標高度時，電光柱自動滅掉，並發出「嗶嗶」聲。這個「嗶嗶」聲的設計目的，便是一個條件性的強化物。而電光柱的高度，則被設計成逐步接近於目標的高度，最初的目標高度是 2.3 公尺，當運動員可以達到 90% 次數完成度的時候，目標提高至 2.35 公尺。進一步完成目標後，電光柱的高度被提升至 2.4 公尺、2.45 公尺、2.5 公尺和 2.52 公尺。透過這樣的訓練機制，研究人員成功地塑造了運動員的新行為，這位運動員最終實現了他理論上的最大潛能高度 2.54 公尺。

讓一位運動員自覺地將身高加手臂伸長 0.27 公尺的距離是很難的，但透過連續接近塑造法來塑造行為，卻讓這一難以跨越的距離輕而易舉地實現了。

心理學在行為、學習過程上的研究，讓善於學習的人類獲得了更多的途徑，了解我們的學習機制如何運作。

■ 第三章　遵從生理節律

第二節　生理時鐘：
「夜貓子」和「早鳥」的時間表

　　法國地質學家西佛伊在地下洞穴中研究地質，但是他突發奇想，他不帶鐘錶獨自在地下洞穴中生活一個月。每一天他向地面團隊報告自己的每一個活動，起床、吃飯、睡覺。在沒有時間指導的地下生活，很快西佛伊就失去了時間感。但是令人驚奇的是，地面團隊記錄下他的作息，仍然保持著大約 24 小時的睡和醒的週期。這說明，人體內部有一個時鐘，獨立於地球的運轉之外，自主性地讓我們保持著生理節律。

　　科學家已經發現人體內部的「定時器」設定的週期是 24 小時 18 分鐘，每天都晒太陽會幫助人體內的時鐘進行一些微調。我們每個人的喚醒水準、新陳代謝、心率和體溫在一天中的每個時段都會經歷變化，這些變化對於每個人來說都是不同的，這就是每個人的個體「生理時鐘」。根據研究者觀察「生理時鐘」最明顯的展現，是人們從睡覺到覺醒的模式不同。

　　有人偏好午夜睡覺，有人偏好早睡早起，分別俗稱「夜貓子」和「早鳥」。

第二節　生理時鐘：「夜貓子」和「早鳥」的時間表

隨著人們年紀的增長，也更容易偏向於早睡早起，老年人通常都是「早鳥」。根據加州大學柏克萊分校人類睡眠研究中心的科學家馬修・沃克（Matthew Walker）的說法，大約有40％的人是天生「早鳥型」，30％的人是天生「夜貓子型」，這是他們DNA決定的「內建時鐘」，並不是由他們的意志決定的。

由於「夜貓子」和「早鳥」的生理時鐘一天開始的時間不同，他們在一天中最佳表現的時段也是不同的。研究人員對一組40名青少年做了一個實驗，他們都是很典型的「夜貓子」或者「早鳥」，分別在最佳時段和非最佳時段參加智力測驗。例如，讓「早鳥型」學生分別在早上和下午完成測驗，結果發現，在最佳時段完成智力測驗比非最佳時段完成智力測驗高6分。

除了智力上的表現差異，在社交性活動中也有表現差異，「夜貓子型」的學生，由於清早被鬧鐘叫醒，導致全天與自身生物種的不同步，表現出了一種「社交時差」，他們在學校裡的社交、團體溝通方面都沒有發揮出最好的狀態。與自身的「生理時鐘」不同步，對成績和行為都有負面的影響。

科學家們發現，人體「內建時鐘」，位於我們大腦上方前端的視交叉上核。視交叉上核幫助我們計算時間的流逝，它不僅幫助我們計算睡和醒的時間，也調節我們一天的生活

規律。負責感受壓力的皮質醇，隨著從早到晚逐漸升高，在剛睡醒時人們皮質醇很低，感受沒有壓力，但也並不是完全清醒，沒有力量，所以有的人需要喝一杯咖啡，或者做一些伸展運動讓自己清醒。身體的柔軟度，隨著從早到晚是升高的，所以練習舞蹈在晚上的拉伸比早上剛醒時更容易。對於疼痛的忍受度，越到晚上會越遲鈍。

由於少數基因決定了人們生理時鐘模式，如果發生單個基因的突變，就有可能導致睡眠的紊亂，有一種罕見的症狀叫睡眠相位前移症候群，展現的症狀是無論前一天多晚睡，第二天都會在很早的時候醒來，有一些人不得不在他人深深熟睡的凌晨時醒來，而在其他人傍晚活躍活動的時候，卻開始昏昏欲睡。這樣的人，作息時間可能是晚上7點入睡早上3點醒來。他們的症狀，由單個基因突變導致，因此需要適應自己彷彿生活在另一個時區的特殊性，為自己單獨規劃、安排生活與工作。

與睡眠相位前移症候群相反，另一個極端的症狀叫做睡眠相位後移症候群（DSPS），這類人群的作息時間可能是夜裡2點以後入睡，早上10點以後起床。患有睡眠相位後移症候群的人群，可以有規律的作息，白天依然精力很好。患有睡眠相位後移症候群的人群的數量，近年呈現明顯增長的趨勢，這可能是一種人類進化的現象，隨著城市生活節奏越

第二節　生理時鐘：「夜貓子」和「早鳥」的時間表

來越快，壓力越來越大，人類活動廣泛程度、活躍程度的增加，為了適應社會變化，「越睡越晚」也可能成為一種自然趨勢。在一份消費習慣的數據中顯示，18至25歲失眠人士的購物清單中，除了保健品，購買數量最多的是「考研書籍」，準備考研考試，可能是這個群體失眠的主要原因。

在另一份數據中顯示，36%的「90後」睡前玩手機超過50分鐘，他們玩手機的時間遠遠超過前幾代人。玩手機的習慣，成為睡眠相位後移症候群的一個誘因。

在某論壇上，有一個關於「熬夜玩手機」的熱門問答，點讚最高的一則回覆是：熬夜的快感是一種報復性熬夜。哪怕身體已經很累、很睏，仍然想要做一些「自己的事」，找到獨處的感覺，找回自我的平衡。

從這些數據的結果來看，晚睡除了生理問題，也有心理和社會的問題。因此，早睡與晚睡，不僅僅取決於生理時鐘，也取決於我們的心理是否有壓力、焦慮、恐懼，是否可以自我調適、重獲平衡。

有一些建議，可以幫助孩子更好地與自己的「生理時鐘」做朋友。

對於「早鳥」們，可以透過中午午睡，或做一些放鬆冥想練習補充精力，以便應對下午時「非最佳表現時段」的學習和工作。

第三章　遵從生理節律

　　對於「夜貓子」們，可以選擇工作時間開始和結束偏晚的時間，根據自己的特點調整。

　　對於一定要早起去上課的「夜貓子型」學生，為了避免出現與自己的生理時鐘不同步所引起的表現不佳，要盡量透過自身的調整功能進行微調，人體的生理時鐘是可以自動進行調節的，陽光可以幫助這一生物調節的完成。在白天增加室外直接接觸陽光的時間，讓陽光促進身體更多分泌「褪黑素」，來促進夜晚早些入睡。

　　「夜貓子」們也可以在晚上，提前準備，聽一些催眠引導的音樂，練習自我催眠式放鬆，將入睡時間提前，以便第二天有更好的表現。

　　無論你是哪一種生理時鐘，早上起來花 10 分鐘做舒緩的伸展運動，可以幫助清醒，讓皮質醇快速提升到正常水準，也可以提前熱身，適應一天的身體活動。

第三節　睡眠與做夢：
好好睡覺，人生也可以「躺贏」

人一天有 1 ／ 3 的時間是在睡眠中度過的，它之所以占了我們生命中這樣長的時間是因為它有重要的作用。

1937 年，研究睡眠的方法獲得了突破，開始使用腦電圖技術來觀察記錄人在睡眠時的腦電波。在大量的觀察人們睡眠中的腦電波活動以後，研究人員發現了一段睡眠存在週期性的間隔：快速眼動週期和非快速眼動週期。即人們常說的淺層睡眠和深層睡眠。

這兩種睡眠週期都有其重要的意義，在我們談論其意義之前，先看一下一整晚的睡眠時間裡，我們的腦電波是如何變化的。在每晚睡覺前，是人們感到最睏倦的時候，那時的腦電波被稱為 α 腦電波，它以每秒 14cps 的速率運動。當你躺下來開始放鬆時，α 腦電波的速率開始放緩，下降到每秒 8 至 12cps 的速率。當你睡著了，就開始進入第一階段的睡眠週期，此時的腦電波被稱為 θ 腦電波，此時你腦電波的速率下降到每秒 3 至 7cps 的速率。然後進入第二階段的睡眠週期，腦電圖顯示大腦開始發生一種發電活動，此時腦電波的速率上升到每秒 12 至 14cps。接下來，會進入第三和第

第三章　遵從生理節律

四階段的睡眠週期，你的腦電波減緩至每秒 1 至 2cps，這個階段的腦電波被稱為 δ 腦電波，在這種狀態下，呼吸和心率都下降至緩慢水準。這 4 個階段即是一個完整的非快速眼動週期，即深度睡眠階段。最後一個階段，你的腦電波活動增加，此時的腦電波形態和第一、第二階段的很相似，你會開始做夢，這個階段被稱為快速眼動週期，這個階段類似清醒的時候，所以也被稱為異相睡眠（PS）。

前面描述的 5 個階段加起來是一個完整的週期，大約 100 分鐘，前 4 個階段是大約 90 分鐘的深度睡眠（非快速眼動週期），最後一個階段是大約 10 分鐘的淺度睡眠（快速眼動週期）。

在一整晚的時間裡，你會經歷 4 至 6 次這樣的 100 分鐘的週期。在第一次經歷這個週期的時候，你在第三和第四階段的深度放鬆時間是最長的。等到隨後經歷每一個 100 分鐘週期，深度放鬆時間都會減少，做夢的時間會增加。到了最後一次週期，可能 100 分鐘裡，有一個小時都在做夢。

每個人的睡眠時間是不同的，從嬰兒時期起，自身的睡眠就開始建造一種自身的節律，每個人所能獲得的睡眠時間的多少，也受到自身的意識與行為的影響。

從嬰兒時期起，我們就開始養成某種類型的睡眠習慣，白天活動的時長與強度，晚上入睡前的準備，睡眠的環境，

第三節　睡眠與做夢：好好睡覺，人生也可以「躺贏」

早上是否會被喚醒，這些持續一段時間後便可以形成一種穩定的睡眠習慣。

等我們長大以後，是否會熬夜，早上使用鬧鐘，都決定了我們能夠擁有多長時間的睡眠。人們是可以主動選擇行為來控制睡眠時長的。長期熬夜，作息不規律，會讓自己的睡眠造成紊亂，無法與自身生理節律配合，紊亂的睡眠會加重這種情形，長期之下更難以啟動自身的調節功能。只有你在至少一週的時間內，都能標準化的作息，才能夠獲得足夠的深層睡眠和淺層睡眠時間。

研究人員已經證實深層睡眠最主要的功能是儲存和恢復。在覺醒狀態下，人們的大腦活動會產生氧化物。這些會損害腦幹、下視丘、海馬等腦區神經元的有害毒素只有在深層睡眠時間裡才能得到清理。深層睡眠的功能正是修復腦細胞，防止腦損傷。

淺層睡眠的功能與深層睡眠的功能不同，淺層睡眠在嬰兒時期是幫助發育運動、視聽感覺的。對於成年人，淺層睡眠對學習和記憶十分重要。缺乏淺層睡眠，會對人們的課業、注意力和工作表現都產生影響。

研究人員做了一項睡眠與學習新任務的相關性實驗，研究人員發現，在任務表現上的成績與前一晚第三、第四階段的睡眠長短有顯著關係。淺層睡眠最多的測試者，其在新任

第三章　遵從生理節律

務學習時成績的提高也是最多的。

因此，不要再用熬夜、剝奪睡眠時間的方式去學習了，更好地利用時間，建立規律的睡眠習慣，讓自己好好地睡足睡飽，反而會更好地提升自己的成績與表現。

假如你能擁有良好的睡眠是一件很幸運的事，很多人在睡眠上是有障礙的，他們飽受失眠的痛苦，無論事業學業還是身體心理都會受到負面的影響。一些嚴重的失眠，都是由很多原因造成的，包括生理、心理、環境等多種因素。有將近一半的失眠人群，屬於主觀失眠，造成他們失眠的原因，主要是主觀上無法免除各種侵入的想法、情緒的干擾，導致他們即便很想睡也很難入睡。這種失眠更主要是一種入睡障礙，一旦他們可以入睡，有將近40%的主觀失眠者的睡眠狀態是正常的。對於這一類有睡眠障礙的人，需要採取醫學或心理學的干預。目前，有很多方式可以干預治療失眠，但最好的方式是提前預防，不要讓自己原本完整的睡眠體系發生紊亂，走向需要醫學干預的地步。你只需堅持自律，有長期標準的就寢時間和起床時間，就可以實現。

當我們關注睡眠的時候，同時也會對我們的夢感興趣。佛洛伊德並不是最早關注夢境的人，甚至有可能連周公也不是最早的。夢境中的內容有時可以揭示人的無意識願望、恐懼，在許多的文化中，夢被解釋為擁有特殊力量。研究發

第三節　睡眠與做夢：好好睡覺，人生也可以「躺贏」

現，在馬雅文化中，夢的方式可以用於與更廣泛的自然和神的溝通。在巴西中部的印第安人群體裡，夢中的意境也可以解釋為是未來的指引。

佛洛伊德認為的夢境分為潛性夢境和顯性夢境，根據夢中的符號和對個體的特殊解讀，可以用於精神分析，來了解個體的願望、恐懼以及精神內部的衝突等問題。

總之，夢具有個人意義，也具有文化意義。

根據研究人員在睡眠實驗室中的結果，人們在淺層睡眠和深層睡眠階段，都會做夢。在深層睡眠階段的夢，更類似於人們日間的思維，很少伴隨感覺、情感的表現。

研究人員認為夢的內容並不是隨機的，在淺層睡眠階段做夢的時候，海馬表現活躍，對情緒記憶發揮重要作用的結構杏仁核也表現得非常活躍。因此，夢有一個很重要的功能，即有可能將過去記憶、體驗與最近的經驗、情緒、願望和目標以及問題都統合起來的。這說明夢在幫助我們思考、分析，將我們的過去、現在和未來組合在一起。

能夠了解自己的夢，對理解自己的內在衝突、過去與現在的狀態都可以有所啟發。有時候，你很想記錄下你的夢，卻發現早上醒來什麼都不記得。心理學家提示，在淺層睡眠期間或者淺層睡眠快結束時被喚醒，更容易記得自己做了什麼夢，你可以透過調整鬧鐘來讓自己在淺層睡眠期間醒來，

第三章　遵從生理節律

前提是你有規律的睡眠並對自己的睡眠狀況很了解。

最後，除了睡眠和夢，我們還可以有一種超越日常生活範圍的體驗，它不是睡眠，但可以獲得類似於睡眠一般深度放鬆的體驗，即催眠。廣義上心理學家定義的催眠是一種特別的覺知狀態，讓人可以對某些暗示產生特殊的反應能力，並在覺知、記憶、動機方面發生主動的、有掌控的變化。

很多人會誤認為催眠可能是一種類似安慰劑效應的方式，但催眠所產生的效果不僅僅只是安慰劑，它確實在減輕身體疼痛、心理焦慮或改變個人動機、主動控制行為上有很明顯的效果。

但並不是每個人都可以被催眠，可催眠性是評估催眠效果的最主要因素，而不是催眠師的技巧。可催眠性，事實上與一種人格特質非常相關，那就是專注。只有當個體完全專注於自身的想像、經驗和體驗時，他的可催眠性才可以展現。兒童比成人就更易被催眠，兒童會在觀看電影時沉浸其中並忘記了現實世界，這也是一種專注的展現。根據腦電圖觀察到，可催眠性高的個體，大腦胼胝體前部的區域更大，這個部分與意志力相關，可以抑制無關資訊並幫助人保持專注。高催眠性和低催眠性的人群，在同一個測試催眠抑制疼痛的實驗中，大腦的反應是不同的，他們報告的疼痛減輕程度也是不同。

第三節　睡眠與做夢：好好睡覺，人生也可以「躺贏」

催眠，為我們提供了一個探索意識、個人覺知與動機的方式。尤其專注力高的人，會比專注力低的人更容易利用催眠的方式來獲得更多的覺知與行為上的自我掌控。

■ 第三章　遵從生理節律

第四節　記憶力：強化薄弱環節，發揮「元記憶」的利器作用

你走在街上，忽然迎面走來一個人，穿著色彩鮮豔的運動衫和你打招呼，你在記憶裡努力搜尋著他的名字，在哪裡見過，你確定你見過這個人，但是卻想不起他是誰。對方看出你的尷尬，給予你提醒，兩年前我們在一次專業研討會上有過一次激烈的爭論。這樣的情景，你曾經遇到過嗎？這樣的問題產生，是因為你遇到的這個人，身處於不同的環境背景中。

這個現象的特點，被研究「記憶」特徵的心理學家們稱為「編碼特異性」。這一原則說明，當記憶提取時，提取的編碼內容與背景相配合時，記憶最有效。當我們更換記憶提取的背景時，會形成干擾。

研究人員讓志工潛水員在沙灘或水下學習一些新的單字，然後在不同環境測試，發現回到沙灘或水下測試的單字準確性更接近。研究人員還讓學習鋼琴的學生做了類似的實驗，如果在初次學習某段樂章的鋼琴上演奏同一首樂曲，比使用其他鋼琴演奏的準確性更高。還有另一個實驗，測試的

第四節　記憶力：強化薄弱環節，發揮「元記憶」的利器作用

學生在學習單字時的環境中保持著特殊氣味，如檸檬或薰衣草，4週後測試時，當環境中留存同樣氣味的時候，答案的準確性更高。

這些有趣的研究都證明了人類記憶十分依賴當時所記憶的背景，在提取記憶的時候，更多地利用與學習記憶時相配合的背景，協助自己提取記憶。在考試的時候，假如你在提取記憶時遇到了困難，也不妨從其他線索入手，藉助於相關的背景來增加提取編碼的準確性，恢復到當初形成記憶時的場景。

而從另一個角度反過來再思考如何利用「編碼特異性」這個原則時，我們也發現，如果總是在相同的背景下學習內容，再提取時就會發生困難。尤其是對學生來說，考試時很難重現每一個當時的記憶場景，因此主動變換背景去學習與記憶變得非常重要。

作為補救的方法，學習的時候經常變換背景，變化組織筆記的順序，將不同主題的內容混合在一起去提問，創造自己的組合。這些方法都可以讓你的記憶更加扎實。

當科學家們確認了背景與記憶的關係後，又進一步了解到背景的先後位置也有一個經典效應──序列位置效應。

你是否相信，當人們問起今天星期幾？你回答這個問題的速度，在一個星期中的開始和結束的位置，會比一個星期

中間的位置的幾天,幾乎快一秒鐘。

實驗證實了這個結果。這就是序列位置效應所表明的,位置的效應在首位和末尾與中間的位置不同,其位置更具有「初始效應」和「近因效應」。當學生們被要求回憶 6 個、10 個和 15 個單字時,在開始和結束的時候,具有更好的記憶。對於中間部分的內容,記憶力最差,最容易被遺忘。

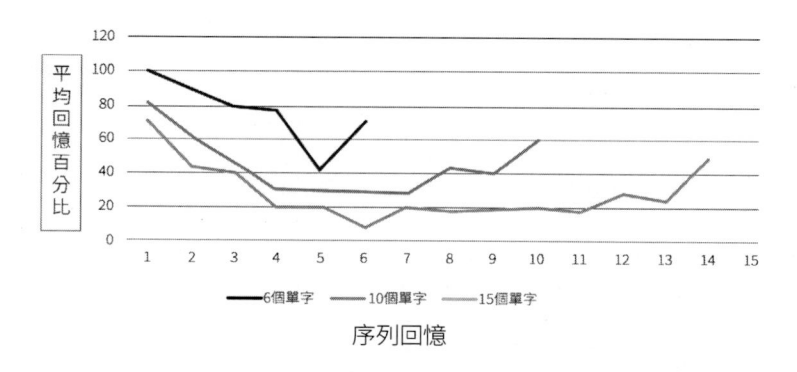

序列回憶

因此,根據這條曲線的普遍性規律,以其記憶研究的結果可以幫助孩子們準備考試。

有這些做法,可以供你參考。

一、孩子們在讀書時要尤其留意課程中間的那個時段。根據普遍性規律,這個時段的內容更容易忘記。

二、為了應對課堂中間的這段「更容易被遺忘的時光」,學生要想辦法提前預習,做一些準備。

第四節　記憶力：強化薄弱環節，發揮「元記憶」的利器作用

三、在複習這些內容的時候，也要常常變化順序，讓你每一次學習的內容不是以相同的順序出現，這可以更好地讓你掌握學習的內容。

除了背景和順序的規則，記憶研究人員們發現，有一些聰明、貼心的教師們很早就發現許多學習內容是散亂而無結構的，要記憶那些無組織的資訊，可能需要找到一些創造性的重組，以便讓孩子們方便記憶。由於那些無結構的散亂資訊，涉及大腦中很多不同的部分，它們可以被共同編成一個故事或場景。這便是許多口訣、歌謠、順口溜、記憶術的由來。這個方法有它的益處，可以將毫無連繫、眾多無組織資訊組合在一起記憶，但這種記憶術、口訣的準確性較低。更好的方式是根據自己的知識背景理解並編制自己可以更好理解記憶的個人化口訣。

個人化口訣是自己記憶系統找到的最適合自己的記憶術捷徑。例如，在歷史課上出現的人物與事件，孩子可以有自己的想像，創造一個想像的環境，對於這個事件自己的理解，並精細的複述出這些個人化的理解、畫面、過程，包括一些細節，就像一個自己寫的故事一樣。用自己已知的知識，去幫助記憶新的知識，可以更快、更好地將這些新的複雜資訊內化為自己的記憶。

最後一個關於記憶研究中很重要的發現叫「元記憶」，它

第三章　遵從生理節律

可以簡單地解釋為「知道自己知道什麼的感覺」,也叫「知道感」。

有時候,我們無法確切地回答上來一個問題,但是我們直覺上很確信,這個問題在某種程度上,我們是知道的。這便是「元記憶」,大腦在分析處理資訊時,會透過很多線索與相近的資訊連繫來確保準確性。人們通常對自己「知道什麼」有很好的直覺。

因此,當學生在處於考試情景之下,也可以利用「元記憶」,相信自己的「知道感」直覺。例如,你可以很快判斷,一些題目你可能「知道」,一些題目你可能「不知道」,在時間的分配上,你就可以更合理地安排,避免在你「不知道」的題目上花費過多的時間,並在你「知道感」很強的那些題目上,多花些心思,確保拿到更多的分數。

第五節　冥想：不僅僅減壓，還改善大腦組織

在許多古老的宗教修行中都有冥想的練習，東方的禪修、西方的正念，這些具有千年歷史的古老方法，已經被驗證過對於注意內在心理和精神，擺脫外在世俗紛擾，而達到一種深度寧靜狀態非常有效。

隨著心理學、醫學對心理、精神與身體互動作用的研究不斷深入，「冥想」的效用，被證實不僅僅是獲得內心平靜這麼簡單，它的益處在心臟、大腦顯現出可見的效果，並對人的情緒、精神、心理、行為等整體幸福狀態都具有非常明顯的提升。

在一項研究中，研究人員發現患有心臟病的婦女在進行 8 周正念冥想訓練以後，控制組所報告的焦慮水準明顯下降，由於焦慮與心臟病病程發展影響顯著，冥想對於治癒心臟病提供了證據。

在另一項比較研究中，20 名有冥想經歷的志工與 15 名沒有冥想經歷的志工，參與核磁共振測量大腦聽覺、感覺、運動皮質、腦前額皮質厚度，正如研究人員所假設的，有

第三章　遵從生理節律

冥想經歷的志工相比沒有冥想經歷的人，這些腦區的皮質更厚。

冥想在另一項研究中被證實可以帶來「逆生長」。隨著年齡的增長，大腦皮質厚度自然呈現下降，大腦神經元發生自然損失。但在一項比較研究中，擁有 3 年以上禪宗冥想的 13 名個體在年齡、性別和教育水準上搭配了另外 13 名沒有冥想經歷的參與者。結果發現，經常練習冥想的參與者，沒有出現隨著年齡的增長，大腦神經元減少，皮質變薄的現象。

無論從短期還是長期角度，冥想的益處一直存在，很多冥想的實踐者都推薦這種練習，它可以增強你的意識，從而幫助你獲得「開悟」，一種獨立於外界紛擾的清楚視角，看清自己與自己所處的情景。

如今有許多國家，已經為小學生開設冥想練習課程。美國的幼稚園最早在 4 歲，便開始帶領兒童練習簡單的冥想。英國也已經有 300 家小學開設了冥想課程。幾個冥想練習。

01. 閉上眼睛，放鬆身體，將脊背坐直，想像自己是一個透明的玻璃瓶，此時只把注意力放在自己的呼吸上，不要控制自己的呼吸長短或者深淺，只是像一個旁觀者一樣觀察自己的呼吸，每一次呼和吸一樣長嗎？你的呼吸之間有間隙、停頓嗎？用 30 分鐘的時間，只是靜坐，不要做任何控制，讓呼吸自然發生，你只是一個旁觀者，

観察著自己的呼吸。

02. 這一次我們換一種方式，不是觀察呼吸，而是有意識地讓自己的呼氣和吸氣所用的時間一樣長，數四下吸氣，再數四下呼氣，呼和吸是均勻的。用 30 分鐘時間去練習。

03. 再做一個想像力冥想，閉上眼睛坐著，想像你心臟的後方停著一艘小船，播放一首舒緩安靜的音樂，讓音樂持續播放 30 分鐘，你想像自己坐在這艘小船裡，小船從心臟的後方駛入你的心裡，讓這艘小船載著你去任何你想去的地方。看看你的心和想像會將你帶去哪裡。

04. 再做一個情緒練習，閉上眼睛坐著，想像一件讓你很憤怒的事，讓憤怒的感覺在你的身上重現，想像你將這個憤怒放在海邊的一塊岩石上，大海掀起的巨浪不停地拍打著盛放著你的憤怒的岩石。你可以想像，海浪將岩石一遍一遍地擊碎，浪花飛濺，不停地重複這個想法，15 分鐘以後，讓自己完全安靜，什麼都不想，只是專注呼吸，靜坐。

: 第三章　遵從生理節律

第四章
意志力與學習

第四章　意志力與學習

第一節　延遲滿足：
如何看待長遠夢想和短期目標

1960年代，心理學家米歇爾（Walter Mischel）讓一群4歲的孩子做了一個實驗，是現在要一份零食，還是15分鐘以後要兩份零食。研究人員在向孩子們解釋完實驗規則之後，離開了房間，他們單獨測試每個孩子。每個孩子獨自待在房間裡，房間裡有兩份零食和一個搖鈴，如果孩子們可以等待15分鐘，等研究人員回到房間後，他們就可以吃兩份零食。如果他們不想等待了，他們可以隨時搖鈴鐺，立刻吃掉一份零食。

大多數的孩子，會盯著零食看，想像零食的味道，在看了幾秒鐘之後，就受不了誘惑，然後立刻吃掉零食；而有一些孩子，他們不會一直盯著零食看。房間裡的監視器記錄下來，有些孩子故意不去看這些零食，他們做一些別的事情分散自己的注意力，有一個小女孩用頭髮把眼睛擋住，有一個小男孩把鈴鐺放到遠處，這樣自己拿不到鈴鐺。這個實驗是著名的「棉花糖實驗」，它可以很好地預測孩子未來的表現，4歲的孩子可以等待多久，可以預示將來他的學習、行為，在未來學術、社會上是否可以取得成功。等待時間最長的孩

第一節　延遲滿足：如何看待長遠夢想和短期目標

子，在學校也更受歡迎，成績最高，升學考試時表現更好。這個實驗可以揭示許多個體差異，看到孩子是否可以實現長期目標，是否懂得分散自己的注意力來調節壓力，如何暫時處理自己的不適感。

個體意志力上的差別，影響長期表現。

從遠古時期，人類為了生存和發展便開始使用「意志力」，為了共同生存，要學會合作，而且不能隨心所欲。當社會快速發展，人們跟緊時代的步伐，我們更加需要運用好「意志力」。意志力幫助我們抑制「衝動」，做出適宜的選擇和決定。現代心理學家在研究「意志力」後，發現「意志力」和「壓力」類似，都是「誘惑情形下」的一種緊迫反應。

在我們面對生活中的各種挑戰和考驗的時候，比如，考試前戒除電視、網路遊戲的誘惑而專心地複習，抵抗一盒巧克力，或是夏季折扣促銷活動，我們可以「殘忍拒絕」，這種「我不要」的能力，便是一種意志力。

在「殘忍拒絕」各種來自電視、網路、社交活動，去外面美餐一頓、戶外爬山接觸自然等一系列或美好或墮落的誘惑之後，你堅定地拔掉家裡網線插頭、關掉手機，把自己關在房間裡專心埋頭寫畢業論文，這種堅定的「我要做」，也是意志力的一部分。

「我不要」和「我要做」都屬於我們的意志力，意志力還

第四章　意志力與學習

有第三種力量：是在任何時候，知道自己真正需要的是什麼。在面對每一種選擇、抵抗誘惑的時候，清楚你最終其實想要的東西——考上理想的學校、健康、升職加薪、幸福和諧、遠離債務、遠離疾病。只有這樣，你才能在關鍵時刻做出最正確的選擇，這就是「我想要」的力量。

「我不要」、「我要做」和「我想要」這3種能力共同組成「意志力」，生物學家和心理學家們總結，這3種能力可以讓人選擇去做更困難的事。人腦不同的區域負責運作「意志力」的3個部分，前額皮質左側負責運作「我要做」，前額皮質右側負責運作「我不要」，前額皮質中間靠下的位置負責運作「我想要」，這個區域的活動越強烈，我們採取行動、抵抗誘惑的能力也就越強，這部分代表的是我們的目標——我們真正想要的是什麼。

有一個很著名的案例，有一位25歲的年輕建築工人，在一次車禍中頭部受到重創，傷到了他的大腦前額皮質的灰質，醫生為他做了一次成功的手術，但是無法修復他損傷的大腦灰質。手術恢復以後，他一切復原得很好，但是性格卻與曾經的他截然不同，他無法控制自己的情緒，經常侮辱人，他不能被任何人所控制，醫生為他設計的所有康復計畫都無法實施，他的親人和朋友都說他已經不是曾經的那個他。這場車禍造成的大腦前額皮質的創傷，傷害到他的意志

第一節　延遲滿足：如何看待長遠夢想和短期目標

力,「我要做」、「我不要」、「我想要」的能力,在嚴重的車禍中一同失去了。

　　普通人並不用擔心這種損傷帶來的後果,但有時我們也會損失意志力,我們現在所生活的社會,人們面對的誘惑和我們祖先們所面對的誘惑已經不同了。在原始社會裡,可能人們要面對的誘惑是,很想不勞而獲地去拿隔壁的部落晾晒的肉乾,現在我們要面對的誘惑是每分鐘彈出的手機訊息提醒、郵件對話方塊、琳瑯滿目的甜食和垃圾食品、分期付款促進消費的廣告,現代社會源源不斷的誘惑和刺激不斷衝擊人們的自制力。

　　心理學家們發現注意力分散的人,更容易向各種誘惑屈服。有人做了一項測驗,讓學生們一邊背誦電話號碼一邊採購商品,他們選擇巧克力、蛋糕等甜食,不選擇水果的機率增加了 50%。商場裡設置的促銷活動,很容易讓人採購了原本不在計畫內的物品。

　　有一位大學生,她總是忍不住不停地查閱手機,看有沒有新訊息,這占用她很多時間,在畢業論文準備期間,她感到自己因此效率低下。她因此為自己設立了一個目標,2 個小時的時間裡只能翻閱一次手機。起初的一週,她很難控制自己,她的舊習慣非常牢固,經常在她來回翻看手機 30 分鐘以後,忽然意識到自己又玩手機了。只有在她能意識到自己

第四章　意志力與學習

正在做什麼的時候，她才可以想起來自己制定的計畫。

第二週，她將計畫調整為儘早意識到自己想要做什麼。在接下來的一週裡，她可以意識到自己又想去拿手機的衝動。她觀察到，這種時不時就想伸手拿手機，然後翻看查詢新訊息的衝動，簡直是匪夷所思，這種感覺讓她似乎坐立不安，好像一定要拿起來翻一翻才能心安。

第三週，她繼續觀察這種衝動，她已經發現在自己想要去拿手機翻閱新訊息時，和已經翻閱完之後的感覺並沒有任何好轉！這時她才意識到，她總想玩手機是想要緩解一種不安情緒，但是其實玩了手機也根本沒有讓自己的這種不安有任何緩解，只是讓時間白白流逝，然後更加不安。

當她認出這個過程之後，她發現自己想要翻訊息只是一種衝動反應，而緩解自己不安的真正方法是更專注地完成畢業論文。這種清楚的自我意識，讓她增強了意志力，並讓她高效地完成了目標。

意志力是人類如此與眾不同的能力之一。在做任何事之前，擁有自我意識，知道自己要做什麼，正在幹什麼，因此可以做出正確的選擇。

2007 年，哈佛大學的研究人員讓黑猩猩和人類在「意志力」上進行了一場比賽，研究人員讓 40 個哈佛大學的學生和 19 隻來自某靈長類動物研究中心的黑猩猩進行一場對決。雙

第一節　延遲滿足：如何看待長遠夢想和短期目標

方的挑戰任務是看誰能忍住誘惑不吃零食。

由於這些黑猩猩經過數字的訓練，它們知道 6 比 2 更好。研究人員給學生們和黑猩猩的題目是，每個測試者都可以立刻吃掉 2 份零食，或者再等 2 分鐘吃掉 6 份零食。

比賽的結果是令人吃驚的，大約 72% 的黑猩猩願意等待去獲得 6 份零食，而哈佛大學的學生中大約只有 19% 的人願意多等待 2 分鐘。這說明，人類還沒有黑猩猩更有耐心嗎？並不是這樣。

人類控制衝動的能力絕對不是動物可以相比的，但讓哈佛大學的學生敗給黑猩猩的原因，是人類的頭腦可以給自己編造各式各樣的理由來說服自己：「我現在就要吃 2 份零食，我以後還有機會吃 6 份零食。」

並不是前額皮質不擅長自制，而是在選擇的時候，人們會為自己的錯誤決策尋找各種藉口。在這一點上，我們很難預知未來，「及時行樂」、「享樂於當下」這樣的觀念便非常普遍，因為人們不愛等待，讓「延遲滿足」、「為了明天而存錢」這樣的觀念變得難以實現。也正是因此，人們向即時滿足屈服了。

這不僅可以解釋為什麼哈佛大學的學生會敗給黑猩猩，也能解釋為什麼會有人累積了信用卡帳單，提前消費不考慮高昂的利率，為什麼人類過度開採地球的能源，而不考慮未

來可能面對的危機。人們為了享受今天的安逸，寧願放棄未來的幸福，無法克制自己、延遲滿足，而現在馬上就要去索取。

經濟學家也在這個問題上，提出了金錢的時間價值這樣的概念，他們提出，如果今天給你 100 元，一年後給你 110 元，你選哪個？學習過金融概念的人，會拿出計算機來計算各種利率，讓他們比較等待 1 年的時間與多收到 10 元錢相比，是否划算。但更多的人都傾向於這樣選擇：「我更喜歡今天就拿到錢。」

原因是大部分人都想避免失敗，人們更喜歡今天就確定的事。如果你首先考慮今天就可以獲得 100 元，假如未來會失去，你會覺得自己好像是損失了。這便是人們對自己編造出的各種理由，放棄長期利益，讓自己即時滿足。我們更應該換一個角度，重新思考，想一想未來可能獲得的更好的獎勵，放棄當下的即時滿足感，讓意志力運作起來，在未來便可輕鬆坐享意志力帶來的成果。

行為經濟學家將人們不願意等待以獲得更高收益的這種心態，總結為「延遲折扣」，在經濟上計算「延遲折扣」可以用利率和時間來給未來的收益打個折，折算成今天的價格。根據黑猩猩和人類的比賽結果，有八成比例的人都會給未來的收益打個「延遲折扣」。這是由於「即時滿足感」是人類原

第一節　延遲滿足：如何看待長遠夢想和短期目標

始獎勵系統，因為人類需要一個更快讓自己獲得獎勵的方式去行動，比如，想吃一個果子，是爬樹還是過河。我們需要努力工作 3 年還是 30 年才能獲得成果。

我們的大腦在處理「即時滿足」和「延遲滿足」時，有不同的運作方式。「即時滿足感」是一種原始獎勵系統，就像人類無論進化到什麼時候，見到美食的時候還是會特別的敏感，這種原始的獎勵系統，會刺激更多欲望。

行為經濟學家認為，人們的意志力是有限的，在我們放棄抵抗之前都是具有意志力的。那麼究竟是什麼，讓我們放棄抵抗，選擇了即時滿足感。如果要啟動「延遲滿足」的未來獎勵，就需要讓前額皮質發揮作用，讓原始欲望平靜下來，最直接有效的方法是和誘惑保持距離。

研究發現，如果把糖放進抽屜，或看不見的地方，而不是直接擺在桌面上，會讓人少吃 1／3 的糖。還有一項研究發現，如果每一次有購物或者吃零食的衝動時，就間隔 10 分鐘，10 分鐘以後如果你還想要吃零食，再去這樣做。在這間隔的 10 分鐘裡，如果可以想一想意志力能帶來怎樣的未來獎勵，很有可能在 10 分鐘以後，你就可以克服這種衝動了。還有一種方法，是發揮「我想要」的力量，不斷地在想要「即時滿足」的時候提醒自己「未來的獎勵」，更多地去想像未來的獎勵實現的那一天，可以幫助自己克服眼前的衝動。

第四章　意志力與學習

有一位剛上大學的學生,她的夢想是考取律師執業證書成為一名律師。但是她對網路社群上癮了,本該學習的時候,她忍不住去瀏覽,由於網路社群中可以看的新鮮資訊實在太多了,只要一開始就停不下來。她知道自己瀏覽這種平臺可能是無止境地消耗時間,但卻很難克制自己。

於是她想到了一個辦法激勵自己,她找到了一個律師的照片,用圖片處理軟體將自己的「頭」拼接在照片裡律師的身體上,她還找到一些代表她未來想要獲得怎樣生活的圖景的照片,她把這些照片放大以後影印出來,貼在牆上。時刻提醒自己:「為了那些網路上的內容,我不能獲得想要的未來,值得嗎?」每當她想要提醒自己,哪些才是她真正想要的,未來的獎勵對自己而言意味著什麼,她就看這些牆上的照片。實現夢想,比眼前的誘惑,值得得多。

大多數人,都會這樣想,未來的自己會更好,未來的自己有更多時間,更有能量,更有意志,未來的自己能更好地管理好自己,可是未來的自己從哪裡來?很多時候,人們都把未來的自己理想化了,希望未來的自己可以做現在自己做不了的事。我們都把未來的自己高估了。很多人把未來的自己,當成了另一個人,彷彿和自己沒有太大的關係。

心理學家做了這樣一個測驗,讓學生們寫出,下一個學期自己會花多少個小時去幫助其他人的學習,學生們寫下計

第一節　延遲滿足：如何看待長遠夢想和短期目標

畫是 120 分鐘，但當研究人員要求學生們執行的時候，卻平均只有 27 分鐘用來幫助他人。

這是很典型的例子，我們有很多美好的未來計畫，指望著未來的自己去實現，可是等到了未來卻發現「未來的自己」不見了，我們總是指望「未來的自己」來拯救我們，卻低估了今天的自己。

為什麼我們將未來看的和今天如此不同？主要原因是我們無法預知未來的自己有什麼感受，當下我們在考試前感受到了壓力，我們頭痛、肚子痛、疲憊不堪、焦慮不安，不想把該複習的內容全部翻完，但未來的自己呢，如果沒有通過考試，會不會更加頭痛？很多人在想到未來的自己時，就像想到的是別人一樣。這種感覺就像從外面遠遠地看一個人，與從內在去親自體會自己的感受是完全的兩回事。也正是這種思維的信念，導致了人們無法發揮意志力的作用，放棄未來的獎勵，只想獲得即時滿足。

心理學家海爾·厄斯納-荷什費德在他關於現在和未來自己的關係的研究中，分析了年輕時會存錢的人，以及不存錢的人的區別，他發現人們之所以不存錢，正是認為未來的自己就像是「別人」一樣，跟自己沒什麼關係。因此，他用一種「未來自我連續性」的分析方法，來分析和預測究竟什麼人在未來會更加富裕，擁有更多的存款。他的結論是，越覺得

第四章　意志力與學習

未來是現在自我的延續，未來與現在重疊越多的人，就越會存錢，信用卡的負債越少，也就越富裕。

若想調動自己意志力，去實現夢想，摘下未來獎勵的果實，不妨多和未來的自己對話。德國的精神科學家發現，只是想像未來，就可以讓人實現延遲滿足。當你想像未來的圖景，大腦會開始幫助你思考更加具體的、關於未來的計畫和選擇的結果，越詳盡地思考關於未來的細節，越可能為現在帶來真實的感覺，也就越可能做出正確的選擇。

第二節　自制力的培養：
堅持鍛鍊是增強自制力的唯一途徑

　　腦神經科學家們已經發現，人的大腦像是一個很好學的學生，可以根據我們對它的訓練，實現重新塑造。如果我們讓它練習數學，它就會很擅長數學。我們讓它練習正念，它就會很擅長正念。我們訓練它抱怨，那麼它就會非常擅長抱怨，哪怕一切已經很好，都可以找到可以埋怨之處，因為我們常常這樣練習。專注和意志力也可以像肌肉一樣去訓練，我們的大腦前額皮質部分會不斷地增厚、灰質會增多。

　　腦神經科學家們發現了一些可以有效幫助人們提升意志力的練習習慣：冥想、呼吸頻率、堅持運動和睡眠。

　　冥想對有些人來說是非常輕鬆而簡單的，不需要揮汗如雨地運動，只需安靜的放鬆，保持專注。經常讓大腦練習冥想，可以提升專注力，更好地管理壓力，守護自我界限，克制衝動。研究人員已經發現，只需 3 小時的冥想練習，就可以讓人們的注意力和意志力大幅提高，持續 8 週的日常訓練，就可以提升人們生活中的自我意識，相應的腦區中的灰質也會隨之更加。冥想讓更多的血流進入腦前額皮質，這自然就像鍛鍊時更多的血流沖刷身體所帶來益處一樣。還有一

第四章　意志力與學習

些人,根本無法集中精神,耐心坐下來冥想,正說明這種練習對他們會有效,這就是他們需要做的練習——不斷將注意力收回來,集中精力。

呼吸的練習也與意志力密切相關。意志力與壓力反應很類似,在生理上都會產生緊迫反應變化。意志力反應時的一系列變化,主要是幫助我們抑制原始衝動、抵抗誘惑的,意志力反應的機制從腦前額皮質開始發出訊號,透過降低心率、血壓、呼吸的運轉速度,來讓我們放慢節奏,冷靜下來,牢記我們的目標,三思而後行。這種反應不是讓你完全按兵不動,而是讓你更加平靜、謹慎,避免一時衝動,可以深思熟慮。此時,有一個很重要的指標可以測量我們抵制衝動三思而後行的反應變化,這個指標是「心率變異度」。

「心率變異度」可以很好地預測一個人意志力的程度。在壓力或平靜狀態下,每個人的心率會變化。在吸氣的時候,心率會升高。在呼氣的時候,心率會降低。這都是健康人的正常現象,這是心臟在交感神經和副交感神經系統中接收訊號,前者加速運動,後者減緩運動。

在面對壓力、焦慮或挑戰時,心率會升高,心率變異度降低,這時交感神經發揮作用,調集能力讓我們準備加速行動,或戰或逃。在意志力反應的時候,心率會下降,心率變異度升高,這時副交感神經發揮作用,緩解壓力,平復情

第二節　自制力的培養：堅持鍛鍊是增強自制力的唯一途徑

緒，避免衝動。

心理學家做了這樣的實驗，讓實驗者面對甜食和紅蘿蔔，一組實驗者需要拒絕吃甜食，一組實驗者需要拒絕吃紅蘿蔔。拒絕吃紅蘿蔔的實驗者，心率變異度沒有任何變化，而拒絕吃甜食的實驗者，心率變異度升高了。這便是心率變異度對意志力作用的一種顯現。當我們呼叫意志力資源，協助我們牢記自己的目標時，心率變異度可以作為衡量我們意志力強度的生理學指標。因此心理學家們相信，如果能提高心率變異度，那麼我們在任何誘惑面前，都可以有更強大的意志力。

透過呼吸的訓練，將呼吸頻率降低到每分鐘 4 到 6 次，可以提高心率變異度。一項研究發現，每天練習 20 分鐘緩慢的深呼吸，可以提升心率變異度，降低憂鬱和欲望。對於世界上壓力最大的人群，比如，警察、股票交易員和醫生，心理學家也設計了類似的「心率變異度訓練」來幫助他們緩解壓力。

有一位心臟科的醫生，他的日常工作是為患者做心臟手術，他深知自己的工作需要應急時冷靜處理，他加入「從心呼吸」的訓練項目，並長期堅持。在一次心臟手術時，手術過程中突發緊急狀況，這位患者突然大量出血，所有人因不明狀況而驚呆，這位醫生立刻做了幾個緩慢的呼吸，然後冷

第四章　意志力與學習

靜地處理，手術十分成功。心率變異度的提升訓練，讓他有大量的意志力儲備。

所以，學會緩慢的呼吸，當你下一次面對緊急狀況，或是誘惑時，先緩慢呼吸 5 分鐘。剛開始練習呼吸頻率的人，很難做到一分鐘呼吸 4 次，但隨著你逐漸將吸氣、呼氣都鬆弛下來以後，呼吸之間的停頓也會逐漸延長，當呼吸頻率降到每分鐘 12 次的時候，你的心率變異度已經獲得了穩步的成長。

堅持一項鍛鍊也可以提高意志力儲備。心理學家和生物學家做了一項實驗，從 18 至 50 歲的實驗者中，給予 2 個月的免費健身會員資格，心理學家鼓勵這些實驗者盡量使用健身資源，剛開始這些實驗者一週一次鍛鍊，後來變成一週 3 次鍛鍊，經過 2 個月的時間，他們的生活變得非常健康，吸菸與飲酒頻率降低，注意力能夠集中 30 秒不分散，抗壓能力、意志力都提高了，學習時間也普遍增加。這樣的改變是非常驚人而且十分有效的。事實證明，只要能夠堅持一項鍛鍊，就可以極大地提高意志力。生物學家發現，在參與鍛鍊之後，這些實驗者的大腦灰質和白質都增加了。鍛鍊讓大腦運轉得更好，掌管意志力的前額皮質得到了鍛鍊變強的機會。

在一項關於鍛鍊促進意志力的研究中指出，並不需要多

第二節　自制力的培養：堅持鍛鍊是增強自制力的唯一途徑

大強度的鍛鍊，也不需要一次幾個小時的鍛鍊，只需有一項可以長期堅持的鍛鍊，每次 5 分鐘，就可以達到非常有效的成果。瑜伽、舞蹈、慢跑、整理花園、游泳、陪孩子玩、散步，甚至是打掃房間，都是非常有效地鍛鍊意志力的途徑。任何能夠讓你從沙發站起來去活動的事項，都是一個很好的選擇，這些活動不僅讓你放鬆腦子，換一個好心情，最重要的是，它會逐漸地增加你的意志力儲備。

除了鍛鍊、冥想、緩慢呼吸，充足的睡眠也是必不可少的。長期睡眠不足的人，很難控制情緒、集中注意力，也不容易牢記「我想要」的目標。意志力也是消耗我們大腦能量的一種挑戰，睡眠不足會影響身體、大腦吸收葡萄糖，葡萄糖向我們的大腦提供能量。由於我們的大腦缺少能量，我們會依賴咖啡因或者吃甜食，但這些都不能為身體和大腦真正提供能量補給。我們的大腦前額皮質，在極度缺乏睡眠的情況下，會發生輕度的前額功能紊亂，因為睡眠不足，在起床的時候，前額皮質受損，這讓我們失去自制能力，無法平靜、深思熟慮、克制欲望，在應對壓力挑戰時，還會因為疲勞而釋放過多的壓力荷爾蒙，降低心率變異度，這種情況下，我們的意志力儲備耗盡、能量告急。

好在這種狀態的損傷是可逆的，只需補上一個好覺，前額皮質就可以恢復如初。所以，為了獲得意志力儲備，我們

需要好好睡覺。心理學家的建議是，如果你無法睡足 8 小時，那麼在中午可以補充一個短暫的午覺。如果一週的工作日都很辛苦，那就要在週末好好地補眠。一週的前幾天多睡一會，會讓你在一週的後幾天儲存一些意志力的能量儲備。如果每天有 5 分鐘時間練習冥想，也可以幫助人們恢復有效睡眠時間。將好好睡覺當成為自己的大腦意志力儲備能量，為了獲得更強的意志力，早點休息吧。

第三節　自制力的極限：能量飽滿意志力更耐久

　　心理學家羅伊・鮑邁斯特（Roy F. Baumeister）透過大量的實驗測試究竟意志力有沒有極限，他發現意志力確實有極限，也會隨時間呈現出波動。他在實驗中不停地測試實驗者的意志力，隨著時間的推移，意志力也會被消耗殆盡，長期控制情緒也會讓情緒崩潰失控，長期訓練注意力集中也會導致注意力分散。而且這些都十分消耗能量。人們每一次調動意志力，都消耗了大量的能量資源。

　　心理學家發現，當我們自律地按照預算支出，試圖融入與自己價值觀不同的團隊，乾坐著堅持參加無聊的會議，在嘈雜的辦公室試圖集中精力，尖峰時間塞在路上，全都會消耗我們的能量，在經歷了疲勞的一天後，你可能只想攤在床上什麼都不做。當我們抵抗衝動、做困難的事、權衡不同的選擇，都會消耗我們的意志力儲備。甚至是一些微小的事，比如，在商場眾多款式的牛仔褲中選出一條適合自己的，都會消耗我們的能量。心理學家羅伊提出，既然人們的意志力是會被消耗殆盡的，那麼一味地訓練自己提高意志力是不行的，除有目的的訓練，我們還需要知道如何為自己的意志力

第四章　意志力與學習

補充能量,就像運動員那樣擁有持久的耐力,並找到方法,不讓自己的耐力枯竭。

另一位心理學家做了一項實驗來驗證大腦疲憊是否因為缺少能量,他覺得測試糖分是否是為意志力提供能量,他讓實驗者完成一系列消耗意志力的任務,在每完成一項任務後,實驗者血糖下降得都很明顯。血糖下降以後,實驗者參加的任務表現會更糟。

心理學家為實驗者提供了兩種能量飲料,一種是糖水;一種是加了人工甜味劑的水。喝下糖水的實驗者,很快恢復了血糖水準,意志力也因此恢復。喝下人工甜味劑的實驗者,意志力繼續減弱。這個實驗說明,低血糖可以解釋意志力下降的情況,能量不足讓我們不能獲得很好的表現。所以,很多學生緊張複習考試的時候會想要吃巧克力,一塊薄荷糖可以幫助人們熬過無聊而漫長的會議。

之所以意志力會與血糖相關,是因為人類在原始時代,何時能夠吃飽是很不確定的事,可能頓頓吃飽,也可能經常都餓著。大腦透過血糖的含量,提醒我們需要進食、需要找食物,或者發出警報,再不吃東西就要餓死了。血糖的水準代表我們還有多少能量。

在資源不足的時候,大腦會選擇先滿足當下的需要,在資源充足的時候,大腦會選擇長期的發展。也正是因此,為

第三節　自制力的極限：能量飽滿意志力更耐久

了不被餓死，大腦在飢餓的時候，更容易根據原始衝動，去冒險。為了能夠實現長遠的目標，大腦必須儲備充足的能量。

但是為大腦補充能量，長期過度依賴糖分不是好的途徑。長期處於高壓的人，更容易選擇不健康的食品，高脂肪、高糖分或複雜加工的食物，這些對健康都不是好的選擇。血糖的突然升高，會長期影響身體吸收分解糖的能力，就像很多 2 型糖尿病患者一樣，血糖升高並沒有產生身體太多可用的能量。

心理學家推薦低血糖飲食，有瘦肉、堅果、豆類、粗纖維及大多數的水果和蔬菜。越原始簡單沒有經過複雜加工的食物，越可以為我們提供能量。為了獲得更多的意志力能量補充，可以為自己新增健康的零食、堅果或水果。在工作日的時候，要盡量在每個早餐都吃得豐盛些。

■ 第四章　意志力與學習

第四節　自制力也「傳染」：堅持自己底線不隨波逐流

　　心理學家在觀察人的意志力時，發現人們的意志力會受到他人的影響，很多行為和目標在不知不覺中，都會被別人潛移默化。例如，一個家庭裡有一個成員變得肥胖，可能會有更多成員肥胖。如果一個人在減肥，那麼也可能會有更多的成員減肥。

　　因為人生來就要與人連結，為了讓我們與別人更好的連結，我們需要體會別人在想什麼，做什麼，有什麼感受。我們大腦中的「鏡像神經元」專門負責幫助我們理解和感受他人的經歷。

　　每當我們與別人面對面，「鏡像神經元」就開始運作，在我們看到別人在吃東西的時候，我們也會有想吃東西的感覺。我們與別人交談時，如果看到對方交叉雙臂，不一會，我們也會做出這樣的動作。每個人都有模仿別人的本能，不只是姿勢、表情、動作，我們都會無意識地模仿，生活中經常遇到這樣的事，明明自己在減肥，碰到胃口大開的朋友，自己也同樣胃口大開，只好一起大吃一頓。明明沒有計畫買衣服，卻和朋友一起逛街時花了更多的錢。

第四節　自制力也「傳染」：堅持自己底線不隨波逐流

除了這些行為，人們似乎還能夠暗暗讀懂別人的心思，心理學家稱這種情形為「目標傳染」。在同一個班級裡，我們能夠讀懂誰想要在期末考試中超越自己獲得更高的分數，我們可能會因此改變行為，與他競爭。暑假的時候，同學去大公司實習獲得了經驗，或者去打工賺了一筆錢，這些都會影響我們的目標。

有時，我們連情緒都會互相模仿，我們會被辦公室裡喜悅的氣氛所感染，也會因為身邊的朋友感覺鬱悶，而同樣感覺到鬱悶。心理學家們發現，快樂或者孤獨的情緒，在家庭中非常容易傳播。

無論好習慣，還是壞習慣，都可以像流感一樣，在社群中互相「傳染」。這為我們的意志力又增添了一項挑戰，當我們看到別人的目標、衝動、行為時，如何增強自己的免疫力，不改變自己的初衷。首先你要能夠認出來，別人的目標和你的目標是衝突的，然後你要堅定自己的目標，此時不斷地回想自己真正想要什麼，自我強化自己的目標，才能避免被其他人的目標、行為、情緒「傳染」。

心理學家們還發現，越是與我們親近的人，或者越是我們喜歡的人，越容易對我們產生影響。這是因為，我們想到我們喜歡的，或者是親近的人的時候，我們的大腦對待他們更像是「自己」，而不是別人，我們願意與我們親近、喜歡

第四章　意志力與學習

的人更相似。在腦部掃描中可以看到，如果你觀察一個成年人，他想起自己和想起自己的母親時，大腦中活躍的區域幾乎是一樣的，這說明我們的「自我」的部分也包含了我們所關心的、與我們親近的人。因此，同事對我們的影響遠不如一個親密的朋友。就算你每天見到一位同事，但如果你不喜歡他，他的目標或行為也不會影響到你。即便你不經常見到你的朋友，但你們之間的親密關係會讓你更容易被他「傳染」。

因此花一些時間好好想想，有哪些習慣、行為、目標是從生活中你喜歡的人、尊重的人身上學來的，這些習慣、目標與你自己的目標一致嗎？你能始終記得自己的目標嗎？

身為群體的一員，我們一直都被潛移默化地影響著，大家都願與群體趨同，這是被心理學家稱為「社會認同」的行為。當一件事群體中的人都在做，那麼我們最好也這樣做，這是大腦讓我們適應生存之道的處世智慧。

研究人員詢問 800 多位社區居民關於節約能源的問題，有的人回答為了保護環境、造福後代，還有的人回答可以省錢。但研究人員發現，這些回答都不足以預測這些居民會不會真的身體力行地節約能源，唯一能夠預測他們是否會有實際行動的因素，是他們的身邊有多少人正在這樣做。

我們身邊有太多這樣的例子，我們喜歡尋找「暢銷書排行榜」、「暑期電影票房前十名」、「最受歡迎的餐廳」。其他人

第四節　自制力也「傳染」：堅持自己底線不隨波逐流

認同的一定是好的，其他人做的一定是對的，尤其是當我們沒有自己觀點的時候，就選擇相信別人的觀點。

我們都相信自己有獨立的觀點，自己獨一無二、不隨波逐流，但當我們面對社會規範時，還是會不由自主地想要融入其中，獨立自主的想法，有時難以敵過歸屬於一個群體的渴望。其實這也不是壞事，社會規範所做的事有時確實是正確的事，只要我們相信社會規範，會讓我們更好地控制自己，做出正確的選擇。

心理學家們討論了許多人們之間互相影響的例子，我們的確不容易戰勝集體意識中的歸屬感或者我們潛意識中想要與親近的人趨同的想法。當我們需要額外的意志力支持時，去尋找一個我們喜愛、尊敬的人作為榜樣，提醒自己他會怎樣做？想一想那些很難做到的社會規範，讓集體項目幫助我們約束自己的行為，去幫助更多的人。如果你發現自己不小心效仿了他人意志力失效的行為，就花點時間思考自己的目標。睜大眼睛看一看自己身邊的人和社群，他們做的哪些是與你的目標一致，哪些是你不認同的，你在不知不覺中效仿誰。提醒自己牢記目標，你的意志力每一天都充滿挑戰。

第四章　意志力與學習

第五章
動機與行動力

■ 第五章　動機與行動力

第一節　自我成就：
發揮自身最大潛能是人類終極精神需求

　　關於成就，你是否思考過為什麼有人可以歷經磨礪，最終橫渡英吉利海峽，或是攀上聖母峰峰頂，有人卻寧願在淺灘掙扎，或是在山腳下躑躅？僅僅就因為，一些人對此很有興趣，而另一些人對此沒什麼興趣嗎？

　　想要獲得成就的動機存在於每個人的內心，區別在於這個動機在每個人的內心到底有多強烈。

　　在馬斯洛的人類需求的層次中，自我成就是最高層次的需求。它代表的是人有多大限度地挖掘潛能、天賦、才華。儘管一個人可能已經衣食無憂，完成了生存層面的所有需求的滿足，但是他仍然可能因為沒有達到最大限度地實現自我天賦才華的展示，而感覺到挫敗感、無價值感、空虛感。

　　飛機在地上的時候，比在天空飛行壽命更短，因為在地上飛機更容易生鏽，飛機就是為了飛行而被製造的。人也如是，作曲家必須作曲，畫家必須作畫，詩人必須寫詩，這樣才能實現最終的和諧。

　　立於一個普通人的視角，我們讚嘆追求自我實現的人，

第一節　自我成就：發揮自身最大潛能是人類終極精神需求

但在歷史的長河裡，也不乏為追求理想獻身一切的人。為了宗教或政治信仰而絕食的人，比如，屈原、「竹林七賢」為了藝術和探險追求而讓自己的生存遭遇危機的人，如梵谷（Vincent Willem van Gogh），以及艾力克斯·霍諾德（Alex Honnold，徒手攀岩者）。似乎他們一定要犧牲底層需求，才能獲得精神上的救贖。這些極端的例子，讓人們對「追求夢想」、「自我實現」產生畏懼。這種畏懼，更多是一種自我限制的恐懼感。如今的世界，對於這些追求自我實現者已經有了更多的嘉獎，生活在現在的時代遠比過去更容易獲得生存與物質的支持、人們的讚許、認可，並用各種可以表達愛的方式支持這些勇於自我實現的人。

自我實現是一種超越精神，由於它是人類需求的最上層，因此它不容易獲得，也會很輕易被放棄，它並不像基本需求那樣，必須被滿足。相對於底層的物質生存的需求，自我實現的需求是很弱的。在經濟條件很差的情況下，個體的生理安全需求都無法得到滿足的時候，自我實現就顯得不重要了。對很多沒有受到良好教育的家庭來說，更不會鼓勵或支持孩子們擁有這種自我實現的追求。可是在童年和少年時期，獲得這種愛與支持，恰恰是孩子長大後能否自我實現的先決條件。

伊隆·馬斯克（Elon Musk），這位當今世界首屈一指的科

第五章　動機與行動力

技與商業奇才，早年的家庭生活並不富裕順利，假如沒有在10歲時獲得父親的支持購買了第一臺電腦，他的自我實現之路也許會與今日有所不同。

很多家長在養育子女的時候，都感覺經濟上不寬裕，而孩子們天性與興趣的變化，有時讓家長們對各種無法確定回報的教育投資感到捉襟見肘。沒有必要一定要用金錢的形式去支持孩子，用你可以付出的愛的形式去支持，當孩子能夠感受到這種支持的力量、尊重與安全，在成年以後，他們會找到自我實現的途徑。心理學家馬斯洛認為，兒童期最理想的生長環境，是在規則與許可之間達到一種平衡。

根據馬斯洛的理論，自我實現需要的滿足，需要滿足一些必要條件。

不受自我限制。

不受社會、集體的限制干擾。

不受低階需要干擾。

有穩定的自我、人際關係，自愛、可以愛人，也被別人所愛。

對自己的優勢、劣勢都有客觀評估。

自我實現是需要勇氣、自律、行動的，現在的社會對人提出了更高的要求。對很多人來說，接納現狀是安全的，他們不

第一節　自我成就：發揮自身最大潛能是人類終極精神需求

願意去接受新的挑戰，不願意面對充滿不確定性的結果。但自我成就者不這樣想，他們會不斷地去挑戰自己、考驗自己。

因此，自我實現者是珍貴的人。追尋夢想，之所以帶著如此耀眼的榮光，是因為他們的內心區別於普通人的懷疑自己、限制自己，他們沒有那種模稜兩可的「有點想」，而是「很想很想」去實現寶貴的自我。

給自我實現者的建議。

父母要在規則與自由中找到一個平衡，讓孩子踏實做好自己應該做的事情，同時也有自由和勇氣去自我實現

如果你還在為生存擔憂，就先謀生賺錢，否則很容易在生存無法獲得安全感之下，輕易放棄了真正的夢想，讓夢想走樣。

將夢想放在心裡，擁有一個夢想是光榮的，只有很少的人擁有自我實現的意識，自我實現者是人中翹楚。相信自己會一點一點地向夢想靠近。

現在的世界，已經比過去的世界更加進步，世界以各種方式回報自我實現者的成就。

不必自我限制，要相信自己可以創造出一種平衡，生存物質的需求與自我成就的需求同時獲得滿足。

能否自我實現，取決於你有多想實現，不是「有點想」實現，是「很想很想」實現。

■ 第五章　動機與行動力

第二節　動機與成績：放下期望，積極應對

在一門考試臨近的時候，學生們會有幾種典型的心理狀態，假設同一個班級的 3 個學生安妮、安娜和安培，他們都要為同一門課程準備複習考試。在考試前的一週，安妮說：「我希望在這門考試中，得到最高分。」安娜說：「只要別不及格，我就謝天謝地了。」安培說：「我對分數沒什麼想法，但我會做準備。」這 3 種典型的心理狀態，似乎我們都可以體會，也可能經歷過類似的狀態，你是否還記得那些狀態之後的成績，以及當時你準備考試的狀態？你覺得這 3 個學生，哪一個會用最多的時間複習，哪一個會取得最好的成績？

心理學家們觀察總結了這 3 種典型的心理狀態，並將這 3 種狀態定義成 3 種不同類型的成就目標。

希望取得最高分的安妮，代表的是「接近目標型」的學生。這一類學生的真正目標，是希望自己比其他學生更好，獲得好成績的結果看起來比其他學生更好。

希望不要不及格的安娜，代表的是「迴避目標型」的學生。這一類學生的真正目標，與「接近目標型」相反，他們希

第二節　動機與成績：放下期望，積極應對

望自己不要比別人更差，獲得很差的成績會讓自己看起來比其他人能力低，他們避免這樣的結果。

對分數沒有想法但是會準備的安培，代表的是「掌握目標型」的學生。這種類型的學生，是最以自我激勵、掌握技能、挑戰自我為目標的人。他們不在意別人的評價和目光，更在意是自己獲得了技能的提高，並在挑戰中獲得滿足。

透過觀察 3 個目標類型的學生，研究人員發現，「掌握目標型」的學生，最有可能自我激勵，去從事有益學業成就的行動。「迴避目標型」的學生，最有可能在考試前放棄複習，一些被觀察的學生表示，在考試前兩週他們並沒有採取太多積極的準備，他們對於考試前的準備是不充分的。「掌握目標型」的學生和「接近目標型」的學生，都更可能為了考試獲得很好的結果去採取積極的行動，他們都更早地開始為考試準備。但是不同的是，「掌握目標型」的學生，有一種更加冷靜的期望這一顯著特徵，在越臨近考試前的兩週，越明顯地展現出來，他們變得比另外兩種類型的學生，更少地表現迴避考試的心態或行為。

心理學還有一個重要概念：期望理論。它包含 3 個成分，期望、有效性和效價。期望是指感覺上的可能性；有效性是指一種好的回報；效價是指這種好的回報對你的吸引力。

比如一個學生，假如他努力讀書，有很好的成績的話年

第五章　動機與行動力

底就有可能拿到一筆獎學金（這是高有效性），但是他認為獲得好成績的可能性是很低的（這是低期望）。因此，他認為自己根本不值得努力（這是低效價）。

從這 3 個成分來看，如果 3 個成分都能獲得高分，就會產生高水準的動機。如果有一項低分，就可能產生低水準的動機。

那麼當你是一位教師或家長時，你要如何從這 3 個方面去引導你的學生呢？依據「期望理論」，你需要做的是鼓勵學生，告訴他 3 件事。

一、你是可能獲得好成績的（高期望）。

二、你是值得為此事努力的（高效價）。

三、無論你這一次的成績如何，未來的你一定會獲得很好的回報（高有效性）。

最後，「放下對成績的期待」還有一層意義，這樣來說，它更像是一個禮物。有時我們只能看到眼前能夠取得的成績，或者是我們腦海中想像出來的某種「最讓人感覺興奮的好結果」。這些「期待」，有可能是你眼前的這個孩子／學生，所能取得的最有限的成績。不要讓「期待」限制了無限的可能性，只需帶著最高的動機水準去行動就好。

「放下期待，只是去行動」，有可能正是人生通關的最佳策略。那些鑄就非凡成功的人，在經歷了多次失敗和「不佳

第二節　動機與成績：放下期望，積極應對

的成績」以後，也許只是證明了自己早已明白的道理：成功不是結果，是無數次不求結果的努力，成功的結果和過程原本就是不能分割的整體。

■ 第五章　動機與行動力

第三節　樂觀與悲觀：相信自己的人更易成功

很多時候我們不能一舉成功，面對一次不滿意的結果，我們如何總結失敗的原因可能會導致後面的行為有很大的不同。有人可以迅速從失敗中恢復，走向更大的新的成功，而有人卻會一蹶不振，長期無法找到新的出路與自我突破。要解釋這兩者的區別，心理學家們發現，找到他們對失敗的歸因非常重要。歸因是指一個人對事件結果產生原因的判斷。

比如，有兩位學生參加考試，成績都不理想。一位學生認為，這次考試沒有考好的原因是自己不擅長學習這門課，很難記住公式，這是一種內部歸因。另一位學生認為，這次考試時考場外一直有噪聲干擾自己無法集中精力，這是一種外部歸因。將考試歸因於外部的這位學生在下個學期很可能會更努力認真準備考試。而將考試歸因於內部的這位學生就很可能徹底地放棄下一次考試。

		控制源	
		內部	外部
穩定性	穩定的因素	能力	任務難度
	不穩定的因素	努力	運氣

第三節　樂觀與悲觀：相信自己的人更易成功

　　歸因一種行為的結果，有 4 種解釋，控制源分為內部和外部兩種，穩定性也分為穩定的因素和不穩定的因素。在內部控制源中，自身能力是穩定的，努力程度是不穩定的。在外部控制源中，任務難度是穩定的，運氣好壞是不穩定的。

　　因此，將事情的成功或失敗的結果，用這 4 種路徑去解釋，會產生不同的情緒感受，也會產生隨之而來的動機，對自身未來的行為產生影響。不同的歸因方式，透過影響情緒和動機，進而影響到個體是堅持努力還是徹底放棄，主動還是被動，安於現狀還是冒險進取。

　　因此，關於一個人是否能夠抵抗失敗，並成功走向新的里程的關鍵原因就蘊含於此：樂觀主義與悲觀主義。

　　悲觀的歸因方式，便是將失敗歸因於內部因素，認為自己的能力有限，外部的不良環境不可改變，因此無法做出改變的行為，放棄努力，放棄嘗試。

　　樂觀的歸因方式，則認為失敗是外部因素，相信自己有能力可以在不同的外部環境下輕易成功，相信外部環境可以改變，也認為下次如果自己更努力便可以獲得更好的成績，這次偶然的失敗不會影響到自己完成其他重要任務。

　　由於樂觀主義者對成功抱持著對自身內部穩定性的信心，使得他們有不同於悲觀主義者的動機和行為。而悲觀主義者的歸因，認為他們命中注定失敗，無法改變，所以他們

第五章　動機與行動力

的行為和表現，會比別人想像中的還要差。

在一項英國的調查中，研究人員觀察了 130 名男性銷售人員的歸因風格與業績表現，調查驗證了這一概述，具有樂觀歸因風格的銷售人員具有更高的銷售業績，而具有悲觀歸因風格的銷售人員銷售業績低於預期。

這一研究結論對我們的發展有很重要的影響，不要再讓自己消極地相信宿命論，相信別人否定你能力的評價，避免那些悲觀主義的歸因影響自己的心境與行為動機。不要讓暫時的失敗和悲觀的歸因風格傷害到自己。努力使自己發展出成功的、積極的樂觀主義，會讓你的各方面都有更好的收穫。

第四節　害羞的壁壘：「主動破冰」的人更受歡迎

　　害羞，不分性別、文化、種族。研究人員發現這世上「不害羞」的人非常少。一項數據調查顯示，50%的人認為自己「經常害羞」，並且這些被調查者都認為害羞是一種很不愉快的體驗，並對他們的生活、社交、工作表現都帶來了負面影響。

　　還有一種「情景害羞」也被多數人體驗到很不愉快，這項調查包括了美國出生的人，以及其他國家出生的人，結果顯示是相同的。譬如，與陌生人初次見面，在沒有準備的情況下意外地被推上舞臺表演，被突然提問發言，都會感受到這種害羞帶來的壓力。

　　害羞也因此可以被定義為一種在人際環境中感受不自在和壓力的狀態，它會對人們建立人際交往、追求職業目標產生負面影響。它可能使我們感受到緊張、窘迫、沉默寡言、退縮，極端情況下也可能發展成為一種社交恐懼。害羞經常與「內向」性格連繫起來，內向的人，不愛表達自己，喜歡獨來獨往，社交活動較少。還有一些看起來「外向」的人，也可能內心是「害羞」的，他們擁有社交技巧來回應人際交往，但

第五章　動機與行動力

內心十分擔心他人如何看待自己,是否真正被人喜歡。

心理學家們解析這一人格特質,發現形成害羞的原因可能有 4 個方面可以解釋。

第一種解釋是源於先天。有些人天生就不害羞,另一些人天生就是害羞的。根據一項研究顯示,有 10% 的嬰兒是一出生就害羞的。這些嬰兒從出生起,就表現出「認生」的一系列明顯表現,他們在陌生人面前更加謹慎、沉默。

第二種解釋是源於兒童時期的養育經驗。有些源於早期的過度保護形成的回饋,加強了兒童原本害羞的人格。有的兒童因為過失行為得到了嘲諷和取笑,而造成了害羞。還有一些人成長的環境中認為外表是否美麗很重要,或者需要在一些活動中可以展示自己才會被人喜愛,因此造成了誤解,而變得害羞。

第三種解釋是源於一個民族的文化影響。研究人員透過調查 9 個國家和地區的人們,比較後得出日本、臺灣的人最害羞,最不會感到害羞的人來自以色列。可能在亞洲地區,謙卑等被過分強調,同時對許多行為有限定的風俗。而在以色列,即便被人當眾恥笑、責罵,也被看成是沒什麼大不了的。

第四種解釋是源於近些年網路與電子產品的盛行導致人們社交活動的退化。許多人與人面對面的交流機會減少了,網路與電子產品的過度使用,造成了更多的孤獨感、孤立

第四節　害羞的壁壘：「主動破冰」的人更受歡迎

感,也讓人更害羞。

當一個人的害羞達到很嚴重的程度時,會感到很低層次的愉悅感,在社會交往、職業追求上遇到困難。

這裡有很多建議,可以幫助那些害羞的人重新思考,打破舊的模式。

不要總是去回憶過去發生過的那些因害羞所引起的不適的記憶,忘記那些讓你感覺很糟糕的情景,你不會一生都重複體驗那種不愉快的感覺,你可以創造全新的、愉悅的體驗。

要意識到,你不是唯一那個感到孤獨、害羞、窘迫的人,這世上可能有 50% 的人都是如此。

沒什麼好害怕的,每一個你見到人,都有可能和你一樣,也感到害羞。

即便有遺傳的因素,一切也都是可以改變的。心理學家們早就證實了這一點。雖然有一點難,但這需要你有勇氣去改變自己,就像改掉一個陳年舊習慣一樣。

要相信,有很多人都是在默默地支持著你,你無須擔心。

多多微笑,多與人目光接觸。

不要總是去擔心別人是不是喜歡你,每個人都希望你能歡歡喜喜。

第五章　動機與行動力

與別人交談時，大一點聲，清楚地講話，特別是當你說出自己的名字，或者提出問題的時候。

在新環境裡，勇敢地成為第一個發聲的人，每個人都欣賞「破冰者」。

想一想你的夢想，你想追求的成就，為了實現它，你願意突破自己嗎？

別總想著快點結束，想要逃跑，也別總是看低自己。

人們總是選擇可以確定結果的選項，而迴避未知。所以你的行為，總是一貫如此，即便你換一種行為方式，可以得到更好的結果，也還會趨於保守。大膽一點，打破自己的舊形象，做一點不一樣的事。

可以將注意力放在如何照顧別人讓別人更舒服上面。對方也可能正在經歷和你一樣的害羞狀態。這樣，你也不會過度關注自己了。

對於一個害羞的孩子，也往往會有一個害羞的家長。不如一起從這些方面入手，做出一些改變。已經有很多人透過努力突破了自己，活出了自信光彩的人生。

第五節　如何看待電視、網路：順應時代前進潮流，厲行趨吉避凶

以前我們還沒有見過大哥大（最早的行動電話），可目前幾乎一個兩歲的寶寶都可以簡單地操作一部智慧手機了。更早的時候，人們甚至連電視是什麼都不知道，但如今每個人都會看電視，3 至 11 歲的兒童，每天看電視的平均時間是 3 小時。

根據一項調查顯示，從嬰兒出生到 18 歲，大概會在電視上花費近萬個小時，看電視成了孩子們除了睡覺，花費時間最多的活動。男孩可能比女孩花更多的時間看電視，生活在較貧窮地區的孩子可能更喜愛看電視。現在人們又有了網際網路、手機，這些現代科技發明將會極大地改變孩子們未來的生活、社交、讀書、行為的方式。

許多批評家對於我們下一代的成長環境十分擔憂，他們很擔心電視、網路和電子產品會損壞孩子們的感知、情緒發展和社會性表現。

譬如，研究人員試圖研究看電視對兒童創造力的負面影響，他們取得了一些成果。研究人員將電視機引入加拿大地

第五章　動機與行動力

區偏僻的諾貝爾鎮，這裡的兒童在閱讀能力、創造性測驗上原本的得分都高於加拿大城鎮裡生活的兒童。但在電視機被引入2到4年以後，這裡的兒童在閱讀能力、創造性測驗上的成績出現顯著下降（下降至和城鎮兒童一樣的水準）。同時，這些兒童還出現了社會性交往活動減少、攻擊性行為升高，以及性別刻板印象明顯的情況。

除了影響閱讀能力、創造性表現和社交行為，電視節目中包含的暴力情節可能增加兒童的攻擊性行為，可能是更讓人擔憂的。

不僅大人觀看的影片中包含很多暴力情節，連很多兒童觀看的卡通片中也有許多暴力情節。根據一項統計，在包含暴力情節的影片中，70%的暴力人物沒有對自身的行為表現出悔恨之意，40%的暴力行為是由我們喜愛的英雄角色做出的，兒童卡通片中的暴力行為通常以一種「幽默」的方式表現出來。

有一項調查在許多國家的小學進行，包括美國、澳洲、英國、芬蘭、加拿大和愛爾蘭等地，經常接觸電視中暴力情節的兒童與較少接觸電視中暴力情節的兒童相比較，會展現出更多的敵意和攻擊性。透過許多觀察，都證明了電視場景裡的暴力情節與兒童現實中的攻擊性行為呈現正相關。還有一項調查，透過長期追蹤觀察受試者的行為，發現兒童早期

第五節　如何看待電視、網路：順應時代前進潮流，厲行趨吉避凶

過度觀看暴力情節的電視，在成年後會顯現出持續的影響。這項調查追蹤了 8 至 30 歲成年之後的一群受試者，那些在 8 歲時過度觀看暴力情節電視的兒童，研究人員可以預測到 30 歲之後的攻擊性行為以及這些人參與嚴重犯罪活動的情況。

若兒童長期接觸電視中的暴力情節，即使不在行為上表現出攻擊性，也可能在性格、信念、心理方面受到負面影響。一種明顯的影響信念的結果，是這一類節目可能塑造一種世界不安全，充滿了殘酷和暴力的世界觀信念。假如孩子相信世界是一個冷酷、危險而可怕的，那他們的行為以及自己為自己創造的生活便是基於這樣的信念背景。這是十分可悲的，他們會扭曲生命的意義，認為世界許多事，包括人際關係的衝突也主要採取攻擊和暴力手段解決。

另一種影響是，長期受到暴力情節影響的兒童會產生一種「免疫」，被稱為「去敏感化的假設」，當他們在現實生活中面對暴力或目睹他人身陷暴力事件時，會變得冷漠，且更能容忍這類事件的發生，也不會做出任何干預的行動，這也是非常可悲的。

即便不看含有暴力情節的電視，長久地坐在電視機前一動不動也對健康無益。不管你信還是不信，長期來看，兒童看電視時間的長短，可以用來預測未來的肥胖程度。假如兒童每天看電視 5 個小時，他們最有可能變胖。不僅僅因為他

第五章　動機與行動力

們在看電視時沒有任何活動導致熱量的消耗，他們還會一邊看電視一邊吃下很多高熱量的零食，電視廣告中那些包含大量糖分、脂肪的零食甜品廣告，對年幼缺乏自制力的兒童來說，無形中又會促成不良飲食習慣的形成。

但電視並不是完全無益處的，也有不少以教育、科普為主題、宣揚正向積極價值觀的兒童片，家長們與孩子共同觀看歡樂影片的時光也是正面而美好的。因此，如何把握「分寸」很重要，適度的觀看，是不會對兒童的智力、社會性發展、價值觀產生不好的影響。

但是心理學家們提醒家長們，監控孩子觀看電視的習慣，限制孩子觀看暴力或攻擊性節目，並引導他們觀看親社會和教育題材的電視是非常重要的。尤其是年齡越小的孩子，他們對於負面情節、暴力情節的敏感度是非常高的。兒童處在無法完全理解完整影片意義的年齡階段，他們會忽略掉所有重要的情節，只記住了影片中最恐怖、最暴力、最陰暗的部分。兒童對影片中受到那個虛擬社會所允許的暴力英雄的行為的認同，會促使他們受到鼓動，並開始模仿，這是家長必須知道的事實。家長非常有必要去修正孩子對於暴力、世界觀與價值觀的曲解，並向孩子們介紹什麼才是正當的行為和解決方式。

關於控制電視對兒童發展影響的建議。

第五節　如何看待電視、網路：順應時代前進潮流，厲行趨吉避凶

　　為孩子設計活動時間表，內容盡量豐富，包含寫作業、看電視、與朋友玩、戶外運動。

　　明確規定不可以看電視的時間：早上和學習的時間。

　　孩子的房間不能擺放電視。

　　自己經常看電視，孩子也會這樣做，家長先做到少看電視。

　　自己觀看孩子所看的影片，判斷其內容不包含暴力情節。

　　與孩子一起看電視，在出現暴力情節時，與孩子討論，並糾正孩子的價值觀。

　　禁止孩子看暴力節目。

　　與孩子討論真實世界與虛擬世界的區別。

　　告訴孩子廣告只是為了讓人多買產品，廣告不對人們的生活和產品所帶來的後果負責。

　　在商店裡告訴孩子，真實的產品會比廣告中的差勁。

　　與電視類似，網際網路、電子產品對兒童的發展也包含著益處和壞處。

　　目前世界上的兒童和青少年，已經有很大一部分可以在沒有成人監管的情況下上網了。雖然網際網路上巨量的資訊對學生完成作業獲取更多資料有很大幫助，但仍有許多潛在

第五章　動機與行動力

負面影響，尤其是涉及暴力、網路欺詐和色情方面的資訊。

美國、加拿大和西班牙的研究人員發現，12至17歲的男孩和女孩，在沒有父母控制和監督下使用電腦會導致更高的網路攻擊、網路欺凌行為。玩暴力電子遊戲的個體更容易打架、和教師爭吵並學業成績不佳，不樂於幫助他人，同時具有更高的心血管興奮水準。

除了危險性與暴力行為上的影響，在青少年心理、社會性發展上的負面影響也有許多調查結果支持。

一項針對13至18歲青少年的調查發現，在網際網路上花費過多時間的青少年焦慮與憂鬱的程度更高。其他的研究也證明，過度使用網際網路會減少幸福感，並降低與朋友、親人和伴侶之間的關係品質。另外一項針對大學生上網的調查顯示，相比於花很多時間在社交網站上的學生，那些花時間與父母進行電話交流的學生與父母之間有更令人滿意的支持性的關係。而在社交網站上與父母互動的學生，則體驗到更多的孤獨感、焦慮以及與父母之間的衝突。

雖然看到了很多關於使用網路所帶來的負面影響，但是在科技與網際網路如此發達的今天，每個人都無法迴避地要與科技、網路和諧共處。這就像打開窗戶，進來新鮮空氣的同時，也會進來沙塵。最重要的是，人們如何使用它。如果年輕人將網路用於不良資訊和話題的搜尋，浪費學習時間，

第五節　如何看待電視、網路：順應時代前進潮流，厲行趨吉避凶

沉迷於暴力遊戲,那就會產生消極後果。如果青少年用電腦和網路學習、創造,那它的結果是積極的。

根據布朗芬布倫納模型,兒童的發展與環境之間的關係是互動作用的。我們在為兒童創造良好的外部環境時,也要相信兒童也有自己的主動性,他們可以做出自己的選擇,不受消極環境的負面影響。

無論電視、網際網路還是最新的電子產品,這些都是孩子在未來的生活中必須面對並學會與之共處的事物,我們需要找到一種開放性的方式,讓孩子學會如何採用其中特定的方面促進自身積極的發展,並有能力自己做出選擇,在現實世界與網路世界之間保持平衡。

第五章　動機與行動力

第六章
壓力、情緒與自我成長

■ 第六章　壓力、情緒與自我成長

第一節　壓力下的緊迫反應：如何審視壓力

沒有一個人可以完全沒有壓力地生活。定義壓力是比較難的，因為它的範圍非常廣泛。當我們在乎的事情可能發生危險的時候，我們就會感受到壓力。一場課堂上突襲式的隨堂測驗，一次公開的演講，累積得越來越多的待辦事項，照顧生病的親人，塞車，債務問題，父母離婚……無論大小，都是壓力的來源。所有我們不想出錯卻出錯的，所有我們不想失去卻失去的，都可以定義為壓力。所有超出意料、超出可控範圍，所有無法預測的事件，都讓我們感覺到壓力。無論是日常中的小煩惱，還是人生中的一個艱難的處境，除了緊張、焦慮，壓力和沮喪、憂鬱、逃避、無力感等都有關聯。

因為我們不在乎的事是不會讓我們煩心的，因此，感受壓力的同時其實也在提醒我們在過有意義的生活。我們若想過有意義的人生，就無法避免地要與壓力共處。

1920 年代，心理學家坎農（Walter Bradford Cannon）將人和動物在面臨危險境地時所產生的緊迫反應稱為戰鬥或逃跑反應（戰或逃）。

第一節　壓力下的緊迫反應：如何審視壓力

這種反應中心位於下視丘，包括了對自主神經系統的控制和對垂體腺的控制。自主神經系統調節人們的身體，應急條件下，人們呼吸加快，心率增快，血壓上升。脾臟會釋放更多紅細胞（假如有傷口會加速血液凝固），骨髓產生更多的白血球（假如受傷會抵抗炎症），肝臟會製造更多糖原，提供更多能量。垂體腺分泌兩種對緊迫反應發揮重要作用的激素——促甲狀腺激素和促腎上腺皮質激素。這兩種激素都在身體適應性壓力時，為我們做好防禦準備。

我們似乎經常聽到一些關於壓力太大會損傷免疫系統的說法，都源於1930年代的另一位心理學家漢斯・薛利（Hans Selye）。漢斯・薛利基於動物實驗對傷害性事件之下一系列的內分泌反應，總結出現實的壓力緊迫反應有3個階段：報警反應、抵抗階段和衰竭階段。假如壓力源持續時間足夠長且強度很大，身體資源將被耗盡而進入衰竭期。他認為，人若長期處在應激狀態下，會形成身心失調。

許多早期研究者根據動物實驗認為壓力會帶來傷害，緊迫反應會損傷免疫系統的結論只是關於壓力研究的開始。它為心理學家們理解壓力可能對身體帶來的負面損傷奠定了基礎。在後來的心理學家們更多地探討壓力的影響時，他們發現現實並不像早期的研究者們認為的那樣——壓力並非總是有害。

第六章　壓力、情緒與自我成長

　　同樣的壓力，在不同的人身上，產生的結果可能相去甚遠，有時在短期看來是有害的，很多時候在長期看來，壓力卻是有益的。

　　事實上，早期的研究者們在實驗動物身上做過的實驗，很難與人們生活中所經歷的壓力事件相配合。在研究者們利用動物實驗廣泛用於研究人類大腦和心理問題時，經常採用的方式可能都是僅發生在實驗動物身上的，譬如，將老鼠扔進水裡被迫游泳，或者困在無法活動的籠子裡，而人類在體驗壓力時是不會經歷這樣的事件的，在調查人們壓力的最大來源時，有60%的人報告的最大壓力是「撫養年幼的孩子」，34%的報告最大壓力是「經濟環境不好時可能失業」。與動物不同，人類在面對即使是最困難的情況下，都有可能找到希望、新的選擇和出路，這便是人性中的智慧與韌性所具有的無限創造力。

　　深知這一點的心理學家們，開始透過實驗來證明，面對同一件事，人類的心理可以轉化出不同的結果。

　　心理學家艾麗婭・克拉姆做了一項實驗，她邀請實驗對象在早上空腹的情況下來到實驗室，第一次來參加實驗的時候，她發了一杯奶昔給每人，上面貼著標籤「放縱奶昔，盡情墮落吧：620卡路里，30克脂肪」。一週以後，實驗對象再次來到實驗室，她又發了一杯奶昔給每個人，上面貼著標籤

第一節　壓力下的緊迫反應：如何審視壓力

「健康奶昔：140卡路里，零脂肪」。

參與實驗者在喝光奶昔後，抽血測試他們胃的飢餓水準變化，當人們吃了高卡路里的食物時，這種激素的水準急遽下降，當吃了健康低卡路里食物時，這種激素的影響較平穩。

實驗結果符合人們的預期，他們喝下高卡路里的奶昔後，飢餓激素急遽下降，喝下健康奶昔以後的飢餓激素水準是平緩的。

可事實是，心理學家給實驗對象的兩杯奶昔是同一種奶昔，上面的標籤只是隨便寫的，真實的情況是，人們喝下的是同一種熱量為380卡路里的奶昔，按道理應該出現相同的血液測試結果，可結果卻是符合人們心理預期的激素水準。這便是心理學家的驚奇發現，改變人消化道荷爾蒙水準的是人們的心理預期。人們視某事有益或有害，會強化身體機制做出相應的反應。

在重大創傷性事件發生後，普遍發作的創傷後壓力症候群是另一個值得關注的症狀。在如地震、災難、車禍發生之後，很多人會經歷嚴重失眠、內疚，或極端驚恐，備受折磨。許多研究人員針對這些人群做出追蹤研究，並希望找到改善或支持他們的心理療法。

美國研究人員對55名剛剛從嚴重的交通事故中倖存下來

第六章　壓力、情緒與自我成長

的人做追蹤研究,其中 9 名在事故發生後得了創傷後壓力症候群,他們不停地在腦海中回述事故發生的場景,做噩夢,無法開車,避免乘坐交通工具,無法與人談論所經歷的一切。而另外的 46 名患者沒有類似的痛苦。相比於得了創傷後壓力症候群的人,研究人員發現,這 46 名患者的尿液樣本中的皮質醇和腎上腺素水平更高 —— 壓力荷爾蒙水平更高。

皮質醇和腎上腺素的升高屬於壓力應對反應,在壓力下為了幫助人應對壓力情景,調動大腦、身體更多的資源來應對狀況,壓力荷爾蒙並不是要我們消滅狀況,而是幫助我們更好地適應狀況的發生。壓力之下,無論是恐慌、害怕,還是出汗、發抖,這些其實並不是可怕的顯現,這些都是來自壓力荷爾蒙,是來幫助我們更好地面對狀況的。越強烈的壓力反應,越可以幫助我們更快地從重大創傷中恢復。

如今,心理學家們已經有了很多發現,壓力下的緊迫反應並不一定有害,相反還可能是良藥。某雜誌描述了一個案例,一位 50 歲的老人在經歷嚴重創傷性事件後得了創傷後壓力症候群,研究人員為他注射皮質醇,連續 3 個月後,他的應激障礙症狀得到了緩解。同樣地,有醫生在高危心臟手術的患者中使用壓力激素,也被證明可以縮短重症護理的時間。

第一節　壓力下的緊迫反應：如何審視壓力

對人類來說，壓力之下的緊迫反應早已不是幾十年前的有害健康，讓人避之不及，它已經隨著人們意識的進步一起進化了。壓力反應可以激發生理系統，幫助我們更好地找到壓力下的應對策略，更好地適應壓力，更好地在壓力之下轉化自己。

■ 第六章 壓力、情緒與自我成長

第二節　關於壓力的信念：結果與你的信念緊密相連

「健康奶昔和墮落奶昔」的實驗，向我們展示了你相信什麼你的身體就會做出什麼樣的反應。在壓力之下，你有什麼信念，你的思維就會推動你做出什麼行為，導致不同的結果。在科學家的實驗室裡，壓力有害，壓力也有益，這兩種結果都是真實的。而對個體而言，你要為自己的結果負責。一旦你選擇了某一種信念，你的思維模式就會為你帶來相應的後果，並且，它對你的長期影響將會像滾雪球一樣越來越大。

美國哥倫比亞大學的心理學家做了一次群體壓力實驗，這個實驗的目的是想證明人們如何看待壓力的觀點，會影響到身體的壓力反應。

壓力測試的內容是模擬一段面試，面試官受過專門的訓練，以便讓受試者在面試中感到壓力和緊張，他們會提出刁鑽的問題，並對受試者的每一個回答給出批評，他們還會以最冷酷和最傲慢的態度回應受試者，讓受試者感到不自在。

在面試開始之前，研究人員隨機為受試者播放兩段影片，一段影片這樣講述：「壓力對人們健康的損傷比你想像的

第二節　關於壓力的信念：結果與你的信念緊密相連

還要大……」，影片講述的內容都圍繞著壓力如何影響人的健康、生活、幸福指數和工作表現。另一段影片這樣開頭：「壓力並不像我們想像的那樣有害，壓力可以提升人的健康和幸福感」，這兩段3分鐘的影片都是來自科學家們的真實調查，但他們會對受試者接下來的心理與行為產生很大的影響。

隨後受試者觀看完影片之後，開始進入面試環節，面試結束後，研究人員透過受試者的唾液測試他們在壓力下的身體緊迫反應。唾液中的兩個成分會被測量──皮質醇和脫氫表雄酮。這兩種激素都是壓力之下腎上腺釋放的，但它們有不同的作用。

皮質醇的作用主要是提高身體和大腦使用能量的水準。脫氫表雄酮是神經類固醇，一般認為它可以幫助你的大腦生長，它被稱為成長激素，幫助你的大腦在經歷壓力之後，變得更加強大。

這次壓力測試的結果十分驚人。觀看不同的影片之後，每個人的皮質醇釋放的程度是一樣的，大家都在壓力之下釋放了更多的皮質醇，以幫助大腦快速運轉。然後，那些在面試前觀看「壓力有益於成長」的實驗對象，比觀看「壓力有害」的實驗對象，釋放了更多的脫氫表雄酮。他們的成長激素水準更高，是思維觀念的不同導致了這一現象。

第六章　壓力、情緒與自我成長

這不是什麼「唯心主義」的主觀想法，而是實驗對象自身的激素證明了，正面信念會導致不同的生理事實。

「安慰劑效應」本身就可以解釋，人的信念系統對自身的控制作用。

在很長一段時間裡，心理學家和醫生都相信，在對患者使用安慰劑的時候，要「欺騙」患者，告訴他們「安慰劑」是具有某種療效的藥物。直到一項關於「安慰劑」的實驗，試圖測試這一點時，心理學家們發現，人類的思維干預性的可行性又進化了。

在這項關於「安慰劑與思維干預」的實驗中，心理學家告訴實驗對象，他們吃的是「安慰劑」，它的成本只是糖。但是心理學家告訴實驗對象，人的大腦和身體有自癒的功能，堅持服用安慰劑，會告訴自己的大腦和身體來進行自行修復。

實驗結果是驚人，堅持服用「糖片」的實驗對象，確實啟動了自身的康復程序。這種已知「安慰劑」的思維干預，對頭痛、憂鬱、焦慮都有明顯的效果，這種效果和以往最好的治療方式產生了同樣的效果。向患者們解釋，他們服用的只是「安慰劑」，並沒有降低效果，思維干預發揮了作用。

信念不僅僅可以起到類似「安慰劑」一樣的短期效應，還可以產生長期的影響。一旦某個信念在你思維深處扎根，透過你不斷地選擇與實踐，你會收穫滾雪球一樣的效果。

第二節　關於壓力的信念：結果與你的信念緊密相連

在一項實證追蹤研究中，100 餘位實驗對象從 18 歲起至 49 歲一直被追蹤，他們對於老齡化的積極信念被發現與長期的健康狀態有很大關係，那些認為老年代表著「更智慧豁達」、「更有能力」的人，比認為老年代表著「無能為力」的人患心臟病的機率低 80%，並且那些擁有積極心態的人，從疾病或事故中恢復的速度更快。

德國的另一項追蹤研究，也發現人們關於年老的信念與健康有關係。積極樂觀看待年老的人，對自己的健康狀況更加負責，他們更加主動地做康復訓練，應對各種壓力狀況。而對變老持消極態度的人，不願意採取改善自身健康狀態的行動。正因為這樣的選擇和行為，有積極信念的人對自己的生活更加滿意。

心理學家們將自己主動轉變思維作為一種新的干預手段，希望人們透過正面思維，自己掌握主動，在生活中獲得益處。

凱莉．麥克高尼戈爾（Kelly McGonigal）就是非常推崇正念思維干預的積極心理學家，在她的課堂上，引入了重塑新思維的課程，課程透過 3 個步驟幫助學生建立正念，第一步直接告訴學生們正向的信念來自自身，也會影響自己的行為和結果，要相信壓力對自己的成長有益。第二步在壓力之下重新思考自己有什麼樣的對策，有哪些行為和思維可以做

第六章　壓力、情緒與自我成長

出改變。第三步是鼓勵大家分享自己在實踐過程中的經驗和改變。

課前和課後的調查顯示，這些學生們在課程後思維方式都變得更加積極了，在學生們分享的如何將新思維運用到生活中的各種經驗中，凱莉發現，這些學生們已經發生了明顯的變化，他們更加擅長處理生活中各種狀況，他們能夠更積極、高效地看待和處理人生的挑戰。

新的信念並不能改變境遇本身，但是可以改變遭遇狀況者自身的心理和行為，改善人與境遇的關係。當人們能夠用不同的眼光去看待壓力的境遇時，自然能夠更加智慧、創造性地去改善，獲得不同的結果，也獲得成長。

改變信念並不容易，有時我們的思維模式根深蒂固，這需要我們從「思、言、行」3個方面去覺察自己，有時需要和更多想要建立正念的人去分享各自的收穫和改變。

當我們再面臨壓力的時候，先冷靜下來，做出正念思維的轉變，比直接衝出去行動可能更快見效，別忘了信念可以讓我們的頭腦和身體自動做轉化。這樣的新信念，並不是讓我們摒除壓力的威脅，而是讓我們以更加平衡的心態、更加完整的視角，看待自己和壓力的關係，也更相信自己，無論如何都搞得定。

第三節　壓力的應對策略：多樣策略帶來跨越性成果

壓力來臨時，實際上人們第一步要做的是評估壓力的威脅有多大，它需要我們做什麼，我們有什麼樣的資源可以呼叫。這種壓力會持續多久，它是短期還是長期的，我們需要做出什麼樣的改變。當我們想好自己要做什麼的時候，進入第二級評估，我們是否有社會資源可以呼叫，並開始斟酌行動。隨著我們開始嘗試行動，也許方法奏效，也許無效，我們再進行新的評估與嘗試。

壓力評估與決策步驟
估計挑戰風險有多嚴重
它還會影響誰
最差的情況是什麼
考察備選方案，如果不改變會有什麼風險
選定的應對方案可以接受嗎
是否充分考慮所有可能的應對方案
權衡備選方案，哪一個方案最佳
最佳方案滿足所有需求嗎
底線在哪裡
我是否選擇最佳方案
是否需要告知其他人共同協作

第六章　壓力、情緒與自我成長

壓力評估與決策步驟
我不改變，風險有多嚴重
我做出改變，風險有多嚴重

在面對壓力時，有兩種類型的應對策略。一種是面對問題的應對策略；一種是聚焦自身情緒的應對策略。

面對問題的應對策略是知難而上型的。當可控源是有效的，譬如，一場考試、要求苛刻的老闆們，這一類壓力之下，人們會竭盡所能去找到應對的方法，在行動上解決它。當我們感受到壓力的時候，最自然的應對反應是「或戰或逃」，要麼去戰鬥、要麼避開威脅，只要可以透過行動，去消除壓力源，身體或大腦會幫助我們找到解決之道。

面對問題的應對策略都是自然發生的。交感神經系統會指導全身系統聚集能量，呼吸變得急促好讓身體獲得更多的氧氣，心臟加速跳動將更多氧氣輸送給大腦，皮質醇增加讓肌肉更有力量，壓力讓我們自然而然做好了應對挑戰的準備。人們在壓力下，不知道怎麼獲得如此神奇的力量，在性命攸關時，身體爆發出巨大的力量，去做到必須做的事。

還有許多勇敢的挑戰者──藝術家、極限運動員、演講者，在壓力狀態下更體驗到心流活動帶來的酣暢感。經過長久的累積，創造力、爆發力、表現力在壓力之下噴薄而出。這些人都是在感受壓力時，呼叫了大腦和身體更多的能量，

第三節　壓力的應對策略：多樣策略帶來跨越性成果

才使得我們看到了無比專注、卓越的表現。

但有時壓力源是不可控的，在這種情景之下，需要採取情緒聚焦的策略。譬如，承擔照顧患有阿茲海默症的父母，或是養育自閉症的孩子，在這種情景之下，你無須去改變「壓力源」，你需要改變自己關於這種情景的想法和感受，聚焦自身的情緒，或者加入支持團體，獲得互相的幫助。

在面對壓力時，應對的策略越多，效果越好。為了管理壓力事件，你需要全面呼叫資源，並了解自己的需求。保持正面信念，面對問題，以及聚焦自身情緒都是必要的。

研究人員透過大量觀察證明，處於積極心境的人會產生更有效率、創造性更高的問題解決方法。同時，研究也不斷證明，比較了不同生活環境下的持續差異，良好的社會關係帶給人更好的心境與情緒。

為了讓自己更加勇敢有力，還需要多與他人連結。這也是壓力反應之一，壓力中的人們很自然地會更願意與他人交流，渴望與社會連繫，獲得支持和積極地回饋。

這是由於壓力反應之下，人體會釋放催產素，它由腦垂體釋放，調節大腦社交功能，因此催產素也被稱為「擁抱荷爾蒙」。催產素會增加你的同理心和直覺，可以讓人們增進互相了解與信任。

在承受壓力時，人們都需要關愛和鼓勵。如果你很想與

第六章　壓力、情緒與自我成長

人交談，那正是壓力反應鼓勵你去尋求幫助與支持。催產素不僅僅促進人們在有壓力時進行社會交往，同時還能帶來勇氣，它抑制住恐懼，不再僵住或是逃跑，它激發人更加勇敢。當有人做了不公正的事，你想捍衛自己的權益，也正是催產素帶給你勇氣。

曾洋是一位 6 歲女孩的父親，他的女兒出生時被診斷出發育遲緩，這讓他的生活帶來巨大的改變，他與太太明白撫養這樣一位特殊兒童是不可改變的，他們反覆思考當初想要一個孩子時的願望，撫養一個孩子所具有的意義。他們走訪許多特殊兒童治療師，也與許多有相同情況的家長交流，他們了解了這樣一個特殊群體，擁有怎樣的資源、困難的境遇，在與康復師、醫生和特殊兒童的家長們大量地交流分享與連結之後，他們選擇了耐心、堅持，面對人生不可掌控的境遇，從那些事與願違的事情中超越出來。

現在曾洋建立幫助特殊兒童康復的網路平臺，幫助特殊孩子的家長們更好地建立交流與連結，幫助他們尋找康復師，獲得對特殊兒童的康復技能與支持。

對曾洋來說，避免壓力是不可能的，否認壓力的存在也毫無益處。他無法做太多事去掌控自身的這種處境，但是卻可以選擇不同的價值觀去主宰另一種人生的體驗。

第三節　壓力的應對策略：多樣策略帶來跨越性成果

當不可掌控的壓力發生時，我們有這樣一種應對策略，牢記價值觀可以超越事與願違的境遇，將壓力轉化為令人敬畏的、能夠喚起更高視角的意義與體驗。

■ 第六章　壓力、情緒與自我成長

第四節　另一種壓力應對：壓力即挑戰，壓力即意義

其實在審視我們的生活時，時常會發現，那些充滿壓力的日子雖然曾讓我們倍感疲憊，但往往那正是讓你引以為傲的挑戰。談論起自己經歷過的壓力事件，是讓人自豪的，因為它讓人成長。我們都不會真正的想要將壓力從我們的生活中抹去。

有時人們期望沒有壓力的生活，這是人之常情，可追求毫無壓力是一種逃避。心理學家們發現，逃避壓力，會帶來更多負面結果。

蘇黎世大學的研究人員追蹤學生對於期末考試和寒假兩個時段的狀態，以逃避壓力為目標的學生，注意力、身體活力和自制力下降的最多。

還有一項長達 10 年的追蹤調查，調查了 1,000 多名成年人如何看待壓力。那些試圖逃避壓力的人，在未來 10 年裡，更容易憂鬱。他們會在職場、家庭，經歷更多的人際關係衝突，也得到了更多的負面結果，比如，裁員、離婚。這項研究最重要結論的是，在導致負面結果的眾多因素中，「想

第四節　另一種壓力應對：壓力即挑戰，壓力即意義

要逃避壓力」是最關鍵的因素，無論在 10 年之始，每個人擁有怎樣的起點和境遇，「逃避壓力」都讓他的處境和心境越來越糟。

心理學家們認為這種惡性循環，是壓力的繁殖，壓力本是支持你的一種資源，當你消耗掉這種資源時，也自然失去了一部分支持，反而創造出更多的壓力源。不斷累積的壓力，讓人越來越難以招架，最終堅定地選擇逃脫。歸屬感、連結感的下降，還會導致離群索居，最終帶給你的是自我倒退。

基於心理學家的「壓力繁殖」理論，想一想，假如不怕面對壓力，你會追求什麼，你的人生會豐富成什麼樣？如果你放棄追求，又會付出什麼代價？

若你已勇敢決定好去擁抱壓力，心理學家還有一條關於擁抱壓力的技巧：轉變壓力為興奮。

想像一場足球賽，賽前的緊張便是一種「興奮」，它可以解釋壓力可轉化為興奮，腎上腺素提升，讓球員們帶著無比的興奮奔向賽場，反而有了很好的表現。那這種壓力，在考試前，為什麼總會把人壓垮，而不是讓人興奮地衝進考場呢？

研究人員測試了參加 GRE 模擬考試前，考生們的壓力水準，透過測試唾液得知每位考生壓力程度以發現壓力與最終成績是否有關係。結果發現，考試前壓力水準更高的考生，

第六章　壓力、情緒與自我成長

實際成績可能更好。這說明，壓力確實可以轉變為興奮的，不論你的主觀感覺是好是壞，它都在幫忙。

在獲得結果後，研究人員向考生們講述了這次測試的結果和意義，將這個結果作為一種思維干預，傳授給學生。研究人員告訴考生們：「下一次考試前，假如你再感到緊張，就可以告訴自己，不要擔心，心跳加速，感到焦慮，說明壓力在發揮作用，它正在提升腎上腺素，幫助自己在考試中獲得更好的成績。」

這些獲得過壓力思維干預的考生，在幾個月之後又參加了一次 GRE 考試，他們比沒有獲得思維干預的考生，取得了更好的成績。將「壓力」作為一種資源，是幫助我們取得更好成績的策略。

在那些不是讓人感到很有危機的情形中，比如，考試、演講、面試，壓力反應是否能轉化為興奮，相當程度上取決於你是否相信自己有能力處理壓力。當你評估所處環境和自己的資源後，主觀上認為自己的能力不足時，你的壓力反應會轉變為一種「恐懼反應」，你會害怕，而不是興奮地去面對挑戰。而當你主觀上認為自己的能力和資源可以應對的時候，你的壓力反應會轉化為「挑戰反應」，你會感到興奮。因此，你的評估與決策，是決定壓力反應模式的關鍵。

大量的研究顯示，在面對壓力時，專注於資源，會更有

第四節　另一種壓力應對：壓力即挑戰，壓力即意義

利於產生挑戰反應。回憶一下我們在樂觀主義者的歸因方式中介紹過的情景，最有效的策略包含了：了解並相信自己的優勢，思考過去類似的戰勝困境的經歷，相信來自親友和各種社會關係的支持。這些都是可以迅速將恐懼轉化為挑戰，將壓力轉化為興奮的思維干預。

研究人員為了證明思維轉換，可以幫助人們將壓力轉變為挑戰反應，提高人們的表現和成績，做了一項分組實驗。

參與實驗的學生要做一次社會壓力測試，在測試中要面對一群專門培訓過的面試官，這些面試官的任務是以各種刁鑽的問題、冷漠的態度回應面試者，讓他們感到心理壓力與不適。學生們被分為3組，分別在參加社會壓力測試前給予不同的思維干預。

第一組學生接受的思維干預，是壓力如何驅動能量來幫助我們滿足情景需要，比如，心跳加速是為了增加血液循環輸送氧氣給大腦，以及認為壓力對我們是有益的，可以提高我們應對反應中的成長激素，不僅提高我們的表現，還讓我們的大腦更加強大，獲得成長。

第二組學生所接收到的資訊完全不同，他們被告知，忽略壓力是最好的策略，可以幫助我們減少緊張，放鬆神經。

第三組學生沒有收到任何思維干預的資訊，研究人員讓他們在社會壓力測試之前，花些時間打影片遊戲，以放鬆緊張。

■ 第六章　壓力、情緒與自我成長

當這 3 組學生按照指定方式做好思維干預或面試前的放鬆準備以後，他們開始進入社會壓力測試環節。

實驗的結果正如研究人員預料的，被告知「忽視壓力，減少緊張」的學生和打影片遊戲的學生，在壓力測試中沒有任何表現得以提升或改變，他們表現出了明顯的「恐懼反應」，唾液中的澱粉酶指數很高，血管收縮程度更高，更加緊張、害怕。

而透過思維干預，視壓力為可轉化為資源的學生，表現出了挑戰反應，他們沒有像另外兩組學生那樣高程度的緊張，在整個測試階段更加自信，與面試官有更多眼神接觸，較少說出貶低自己的話，整個過程有更好的表現。

真的非常感謝這些心理學家們的發現，他們試圖找到各種方法來幫助我們如何活得更好。試想一下，思維的轉換，如果長期在你的生活、學習、工作中運作，會為你帶來怎樣的質的改變。

無論你感覺到的壓力是什麼感覺，心怦怦跳，手心冒汗，頭皮繃緊，還是胃部痙攣，這些都是在告訴你很重要的資訊：你正在爭取對你有意義的事，你要化恐懼為挑戰，你要運用你的資源和優勢，壓力正在為你呼叫更多的能量幫你應對，你會獲得成長。

第五節　韌性：
打不倒你的，使你更強大

　　1975 年，心理學家展開了一項長期壓力研究，合作的對象是美國一家電話公司的職員，原本這只是一項常規的追蹤調查，但是電信行業在 1981 年因一項行業規定遭到了巨大的顛覆，美國國會透過了電信行業競爭並解除限制的條例，一年之內電信行業的電話公司發生大面積裁員。在這樣的行業鉅變之下，很多員工因為壓力崩潰了，而有一些員工在壓力中奮起，他們找到新的目標，生活增加了更多幸福感。那些在壓力之下獲得成長的人，都有一些很明顯的特徵。

　　首先，他們從不期望過完全沒有壓力的生活，他們認為壓力是生活中正常的境遇，他們認為生活中雖有掙扎但不會導致更大局面的災難，反而壓力會讓人成長、進步。其次，他們從不會自暴自棄，無論什麼樣的境遇，都會隨之做出選擇、行動。最後，若情況無法改變，他們會主動調節並改變自己的態度，他們願意接納狀況，並讓這些不影響到自身，他們更願意與他人連繫，對自己和他人都更加寬恕與憐憫，他們從身體、情緒和精神方面都把自己照顧得很好。

　　研究人員將這種綜合的態度稱為「頑強」，它代表壓力之

第六章 壓力、情緒與自我成長

下的勇氣、韌性。

研究人員確實發現，在面對壓力源的時候，有一些個體呈現出「高韌性」的特徵，這些高韌性的個體，兒童青少年時期大多接收到父母的支持，而他們的父母具有良好的教養技巧。他們可以發展一些新的技巧來調整自身的行為，既能專注於解決問題（回憶前面講的問題指向應對），又能調節自身的情緒反應（情緒聚焦應對）。

心理學家們非常熱衷於研究這種「高韌性」個體的特質，找到了許多詞語來描述這一品格：頑強、堅韌、積極、勇敢、正念、轉化、成長性思維、復原力、抗挫折、創傷後成長。總之，擁有這種特質的人，是「擅長壓力」的。

擅長壓力，不意味著看到壓力無動於衷，假裝它不存在，而是以允許壓力喚醒自己的勇氣、動力、激發起更多的能量與智慧，挑戰自己，獲得成長；擅長壓力，允許自己被壓力改變，憐憫自己與他人，並懂得與他人互相支持、祝福；擅長壓力，也意味著無論磨難還是挫折，都能找到意義和價值，用更高的視角看待這個轉化的過程。

在幫助培養孩子變成一個「擅長壓力」的人時，你可以運用心理學家們的研究成果，並參考心理學家們的這些建議。

研究顯示，當人們被告知「你就是那種越有壓力變現越好的人」時，他的實際表現會提高33%。告訴孩子，你在壓

第五節　韌性：打不倒你的，使你更強大

力下會表現更好。

改變語言：把「我真不想做這事」改為「我能做」。

改變想法：將「我需要放鬆，我很緊張」改為「我感到興奮，能量滿滿」。

改變信念：壓力是有益成長的，我樂於面對挑戰。

改變社交行為：與更多的人互相支持、鼓勵，祝福他人和自己。

其實，那些能為「高韌性」孩子提供良好教育支持的家長們也很可能正是一群「擅長壓力」的人，他們相信，面對壓力之下，你無須逃跑，無須掙脫，你所需要的所有資源都早已具備，那些智慧、勇氣、力量、堅持、動力全都在你體內，只需擁抱當下的情景，擁抱壓力帶來的一切感覺，讓它協助自己做出必要的轉化，然後全力以赴去行動。

■ 第六章　壓力、情緒與自我成長

第六節　壓力積極的一面：壓力使人互信、包容、合作

　　關於壓力的最後部分，是與他人和社會相關的。在前面的部分，已經討論過，壓力會產生催產素，這種「擁抱荷爾蒙」讓人們更願意互相支持、互相連結，它能令人們在困境中主動社交，更聰明的行事，也提供給人們更多的希望和勇氣。這是人類的本性，在困難時互助互愛。

　　研究人員曾經做過一個關於電擊和痛苦反應的實驗，實驗對象是一些夫妻，在知道所愛的人要遭受電擊時，不可以阻止電擊發生，但是研究人員給實驗對象兩個選項，一個選項是，在愛人遭受電擊時，可以握住愛人的手，給他們安撫。另一個選項是，在愛人遭受電擊時，他們可以用手用力擠一個壓力球。研究人員在這個過程中，觀察實驗對象的大腦。

　　這兩種選擇代表著生活中我們常常遇到的兩種情景，在親近的人遭遇困難時我們給予關注、陪伴、同理心和安慰。雖然我們實際可能幫不上什麼忙，只是陪伴、傾聽，或是精神上的鼓勵和支持。但這是一種共度難關的勇氣和力量。相反，還有一些時刻，我們不願面對這種情景，而選擇逃避，

第六節　壓力積極的一面：壓力使人互信、包容、合作

不願意看到他們受苦而讓自己難受，所以我們避開他們，選擇去做其他的事，心理學家稱這種現象叫做同情崩潰，試圖逃避別人受苦帶給自己的壓力。

研究人員從實驗結果中發現了不同尋常的意義。那些握住愛人的手的參與者，腦部的關懷系統、獎勵系統很活躍，這是因為人們在聚焦關懷別人、幫助支持他人的時候，大腦的反應讓我們更多體驗到的是希望、連結感和無畏。而那些擠壓壓力球的參與者，降低了大腦獎勵系統、關懷系統的活躍程度，他們感受到的是逃避帶來的無助感。這說明，如果我們只聚焦於減少自身痛苦，會讓我們更加陷入焦慮。

這便是讓人驚訝的實驗結果：你越是無助，越要去幫助別人，幫助別人就是幫助自己。而你越是只顧自己，越有可能深陷泥潭，無法自拔。

華頓商學院曾經做過一項關於緩解時間壓力的實驗，研究人員嘗試比較兩種方式，來消除沒有足夠時間的壓力感。一種方式是給實驗者一整天從天而降的自由時間，這一天做什麼都可以。另一種方式是給實驗者一天的時間，去幫助別人。一天結束後，自由花費一整天時間的實驗者仍然感到時間不夠用，而幫助別人的實驗者則報告說，感到非常自信，對自己的能力和勝任的程度都感覺良好。研究人員總結這項實驗，當你越感覺時間緊迫、有壓力時，越應該去幫助別

第六章　壓力、情緒與自我成長

人，這可能與你的意願相反，但結果卻是有益的，慷慨地幫助他人可以消除你的無助感。

在此之前，人們都低估了幫助他人所能帶來的良好感覺。

還有另一項實驗也顯示，向食物救濟站捐款，能改變腦部情緒區域，讓大腦活動更加活躍。那是因為大腦的獎勵系統被啟用，它讓人感覺更好。

這些實驗都說明，不必等到被逼到不得不做時才去幫助別人，先選擇慷慨助人，獎勵會隨之而來。尤其是當自己感覺到自己的資源、情緒、時間正處於壓力中、枯竭中，主動去幫助他人，這是一種很好的激發自身恢復抗挫折能力的途徑，隨之而來的是友善、照顧、支持、希望和力量感。

在很多時候，只關注自己非常局限，我們需要更宏大的目標，才能支持我們越過眼下的障礙。

有一項關於美國 140 家公司的調查，這些來自各行業的公司都在兩年時間的經濟衰退中苦苦掙扎，研究人員將這些公司的財務狀況、收入、規模、組織目標等一一對比，想去發現究竟是什麼讓一些公司能夠在危機中生存。當研究人員將那些活下來並活得很好的公司與倒閉的公司對比時，發現了一個顯著的核心區別：最成功的公司都有更宏大的目標，他們用集體主義精神應對困難。比如，在經濟衰退時，他們

第六節　壓力積極的一面：壓力使人互信、包容、合作

對周圍的社區更加友善、關懷，幫學生、教師打折，為年輕人提供獎學金等。這些成功的公司，都聚焦在更大社群的利益上，而不僅僅只考慮眼下自己的生存。而這些最後被證明，並不僅僅是自我感覺良好的策略，無論在哪個行業，這些超越個人關注更宏大目標的策略，都在危機之後為公司帶來了明顯的利潤成長。

在提升學業表現、提高職業滿意度、跨越個人發展平臺期、度過經濟衰退的年月，都需要這種「更宏大的視角」來幫助我們實現這一步巨大的跨越。

幫助到他人，會真正豐富我們的資源，人不可能只靠自己而活，自然之中的人類是緊緊相連的，許多時候，正是希望、鼓舞、來自他人輕輕地著力，讓我們可以再次從絕境中展翅飛翔。當我們啟動了關懷他人、照顧更多人的系統時，才連結上了大自然中最豐富的資源系統，這讓我們真正地做出更英明的決策，呼叫更多的資源，並確保我們不會讓自己枯竭，始終擁有希望和力量。

有大量的案例證明幫助別人，更可以解決自己危機創傷後的無力感。

地震後的志工，報告了更多樂觀，更少的焦慮、無助。

配偶去世後，照顧他人可以降低憂鬱。

自然災害後的倖存者，透過幫助他人可以降低創傷後壓

力症候群症狀。

長期患病者,成為其他病友的顧問,可以緩解疼痛、焦慮,降低憂鬱、無助感。

經歷重大創傷,如恐怖襲擊、喪失家人的受害者,找到幫助他人的方式,可以降低自我內疚,重燃生命意義。

定期服務於社區的人,在遭遇生活重大挫折時,很少有焦慮或因此而引發的健康問題。

第七章
青春期的挑戰

第七章　青春期的挑戰

第一節　同一性：建構正面、豐富、整合的自我

有很多心理學家正向關懷研究人生發展階段，佛洛伊德主要注重生物學因素，對於心理因素關注最多的是艾瑞克森，他提出了 8 個心理社會性階段。

他認為每個人一出生就存在一些傾向性，在一生中隨著境遇變化時，環境會要求人做出適應，這時會呈現出矛盾衝突，每一次衝突都會讓人格遭遇一次危機，當我們能夠轉換視角，度過這次危機，便可以獲得成長和力量。每個階段的危機，也是一個契機，若我們能夠調和矛盾，便獲得了進入下一個階段時幫助我們度過下一個危機的基礎，解決危機的能力便成為我們的優勢。如果我們在前一個階段的矛盾沒有解決，在下一個階段遇到的危機就可能加大，需要運用更多的力量和智慧去穿越。

在第一章的時候，我們已經介紹過了艾瑞克森的 8 個心理社會性階段，青春期之前有 4 個階段，這 4 個階段的心理層面和佛洛伊德生理層面很類似。

青春期，連繫了前面 4 個早期階段和後面的成年階段，

第一節　同一性：建構正面、豐富、整合的自我

因此它要完成的首要任務是複雜角色的轉化，找到身分認同。

8個階段	年齡	矛盾	優勢
感官－口唇期	0至1歲	信任與不信任	希望、信念
肌肉－肛門期	1至3歲	自主與懷疑、羞怯	自由選擇與自我
運動－生殖器期	3至5歲	主動與內疚	約束力追求的勇氣
潛伏期	6至11歲	勤奮與自卑	勝任能力
青春期	12至18歲	同一性與角色混亂	真實自我、真誠
成年早期	18至35歲	親密與孤獨	愛
成年期	35至55歲	繁殖與停滯	關懷、照顧
成熟－老年期	55歲以後	自我完善與失望	智慧

阿爾弗雷德·阿德勒認為，青春期最主要的心理特徵，是孩子們想證明自己「長大了」，他們已不再是小孩。如果家長能夠向孩子坦言，這是毋庸置疑的事，孩子就會減輕許多壓力，而不必過於看重如何向家長「證明」這一點。

青春期的許多行為都展現出「獨立性」、「自主性」、「與成人平等」，孩子們理解的「長大」首先是這樣的含義。

當家長給予這個時期的孩子過多的限制束縛，孩子理解的「長大」就意味著「掙脫束縛」，他們會用一切行為來抵抗，假如這時的家長認為，孩子需要像以前一樣「被嚴格監管」，那就會遇到「道高一尺、魔高一丈」的激烈反抗，這種對抗產生的對立情緒，導致的是我們常常所說的「青春期叛逆」。

第七章　青春期的挑戰

有時家長會發現孩子到了青少年階段,突然開始吸菸、說髒話、打架、逃學,曾經他們是那麼聽話,這讓家長們疑惑不解。有時可能是孩子一直不滿意家長或學校的管教,終於到了更有力量和自由階段,才開始公然反抗。有時是因為角色的混亂缺失,或是受到身邊其他人的影響,就像阿爾弗雷德年輕的時候,脫離社會度過了一段時間,或尋求消極面的同一性。阿爾弗雷德認為,即便是社會意義上消極面的同一性,那也是一種角色,它優於沒有同一性。只是結果與積極的同一性相比是差的。而受到一些社會團體或社會文化偶像的影響,青少年跟隨模仿的行為也是在尋找一種同一性,但是這些負面的影響會限制自身的發展。

家長此時需要做的是創造更多的、豐富的機會,讓孩子去選擇多樣的角色,同時也要運用技巧讓他們盡可能了解到真實的結果會是什麼樣。此時,孩子認為他們已經長大了,但讓他們自己發憤圖強找到一條正路是很難的。讓孩子了解所有的行為都會產生後果,每個人都要為自己的選擇負責。

在許多關於青春期的文章裡,心理學家們找到各式各樣的案例問題,都源於青春期時期,許多童年時期沒有解決的問題在青春期被放大。在青春期階段,孩子們試圖尋找自己的身分定義,他們嘗試不同的身分定義,如果他們順利地完成了各種角色的相容,整合出了同一性,便建立起了自己的

第一節　同一性：建構正面、豐富、整合的自我

優勢，真誠地相信自己與他人。如果他們無法實現角色的同一性，會出現角色混亂，不知道自己是誰，屬於哪裡，想要去什麼地方。而在青春期時期，同伴的影響也非常關鍵，結交什麼樣的朋友，與某一個團體過多連繫，單一地崇拜某個偶像，都會對自身發展帶來局限。

與「長大」相矛盾，青春期常見的問題之一是對童年的留戀。一些孩子仍然喜歡像孩子一樣咿咿呀呀的說話，喜歡和更年幼的孩子玩，希望自己永遠稚氣。另一些孩子一直被溺愛，希望自己永遠被寵下去，長大後面對的世界對他們來說難以獨自面對，他們不願面對責任、困境，而自己不再是世界中心，讓他感覺到氣憤，無法與人合作。

另一種問題是，神經質的情感，這個問題經常發生在內向、不活躍的孩子身上，神經質是逃避壓力的一個出口。青春期的生理體質，對壓力反應是很敏感，當他們覺得沒有做好面對社會壓力的準備，會產生潰敗反應、恐懼反應，這種神經質的狀況因此產生。正如第六章，關於如何看待壓力中已經講到很多，不論是透過正念、支持、互助，這種狀況是可以免除的。即便對某些神經質情感嚴重的孩子來說，普世的社會需求不適合他們，但他們也一定可以找到自己的興趣之所在。完全的無能為力，最終導致的潰敗反應，會產生嚴重的神經官能症、憂鬱，那是大自然淘汰無法前進的人的一種手段。

第七章　青春期的挑戰

心理學家們的研究結果顯示，確實並不是每個人都可以從困境、嚴重的創傷中恢復，但也不是每個人都會徹底的潰敗。找到個人興趣、熱情所在，找到社會興趣，幫助他人與互助，在這個時期，這類孩子身上，是尤其重要的。

最後一種類型的問題是，早年經歷中被忽視的孩子，在青春期時可能會非常在意是否被別人所欣賞，他們對讚揚的需求非常高，非常在意別人如何看待自己，別人是否欣賞自己。有時是因為缺乏自信，希望透過別人的賞識增加自己的自信，有一些女孩會因為在家中被忽視，在青春期懷抱著能得到欣賞的虛榮願望而陷入戀情。這也是早期的幾個階段，沒有解決前面的危機留下的問題，在青春期被放大了。若在這個階段，她在戀情中後來的結果也是被忽視的話，會造成更嚴重的同一性危機，使她更難從內在好好看重自己，而不是依賴於外界的目光。在這個時期，對這類孩子而言，最重要的是，如何了解到自己是珍貴的，透過什麼樣的行為，能夠認知到自己可以好好地賞識自己，而不是尋求在一段不可靠的戀情中體驗自己是否值得被他人賞識。

青春期的很多問題，都來源於擔憂，青少年們害怕失去童年的幸福、失去支持，又渴望獲得力量；他們擔心社會要求太苛刻，而自己無法去適應；他們也擔心自己找不到方向和定位，既想要趨同別人又怕隨波逐流；他們也害怕再也不

第一節　同一性：建構正面、豐富、整合的自我

被人重視，因此感到孤獨和自尊感的低下。一切問題都來自青春期特有的情感的擔憂，家長和教師需要理解他們對於角色混亂而產生的迷惑，以及他們對找到身分認同的渴求。

家長和教師支持他們去體驗嘗試找到真正的自我。讓他們能更多地了解到不同行為的真實結果，好為自己的所作所為負責。在這個過程中，他們會看到哪些是忠實於自己的，他們會知道自己與他人的關係該是如何處理，自己要做什麼，屬於哪裡，去向哪裡。

艾瑞克森的理論一直貫穿到人生的最後一個階段，人在生命終點會回憶這一生面對過的挑戰，如果他們能成功解決這些挑戰，就會感到滿足。同一性就是相信自己做得很好，確信這僅有一次的寶貴生命中，自己沒有缺憾。一個人完成了同一性的確立，就能夠具備成熟而健康的心智。

■ 第七章　青春期的挑戰

第二節　超乎意料的「黑馬」：創造力、勇氣、獨立性爆發的青春期

　　青春期的孩子經常會發生明顯的形勢逆轉，曾經被給予厚望的孩子可能在課業上遭遇失敗，而曾經表現平平的孩子，可能展現出超乎意料的能力。持續的教育投入、父母和教師的參與、自由與尊重和新的興趣，都可能讓孩子在這個時期，忽然找到了新的起點，創造力爆發、勇往直前。在這一時期勇往直前的孩子，意味著沒有任何困難與失敗能阻擋他們。這便是青春期所蘊含的無限的爆發力與潛能。

　　智商曾經一度被認為是穩定的，由遺傳決定。心理學家們對 250 名兒童進行了一項十幾年的縱向調查，透過觀察兒童 4 歲開始的智商，心理學家們發現，兒童早期的智商，確實與 10 年後的智商，有很大的相關性。確實，有一部分兒童的智商是非常穩定的。但是有一半以上的兒童，他們的智商發生了很大的波動。

　　這些智商發生波動的兒童，在不同時期，智商會呈現出一直升高，或者一直降低的趨勢。到底什麼樣的孩子，智商會升高，哪些孩子會降低呢？研究結果顯示，智商一直升高的孩子，一方面，家長非常注重兒童的智力發展，他們鼓勵

第二節　超乎意料的「黑馬」：創造力、勇氣、獨立性爆發的青春期

兒童不斷學習，也不會過於嚴格或過於放縱。他們有的從早期 2 至 3 歲開始，持續為孩子做干預，也有的在 6 歲之後不斷地為孩子教育投入。而另一方面，智商出現下降趨勢的兒童，多生活在貧窮環境，特別是長期處於貧窮狀態，心理學家用「累積缺陷假設」來解釋這種貧窮環境阻礙智力發展的現象，並且這種抑制現象會隨著時間累積越來越嚴重。一項羅馬尼亞貧困兒童的智力調查顯示，處於貧困狀態越久的孩子，智力測驗的分數越低。

這說明智力隨著時間的推移，會發生改變，家長在兒童智力培養上投入得越多，越可能發生智商一直上升的趨勢。而智力與人的健康、學業成績和未來的職業定位相關，和生活滿意度也有密切的關係。

智商高的學生不僅成績好，在學業上花的時間也更長。他們願意努力讀書，應對壓力，並擁有更高的應試技巧。心理學家特曼（Lewis Madison Terman）追蹤過 1,500 個智商在 140 分以上的兒童，這些天才兒童在長大以後仍然表現優秀，只有 5％ 的人有不適應狀態，他們有健康問題，但這個比例遠遠低於正常人群。這些智商高的兒童，在青春期時期智商還會不斷升高，常常脫穎而出。中年以後，88％ 的人在專業性領域工作。作為這樣一個專業性群體，提供過 200 種模型，2,000 篇科學研究報告，100 本出版書籍，375 篇

第七章　青春期的挑戰

戲劇或小說，300多篇論文、雜誌文章或評論。智商高的女孩，也對事業成功有很強烈的追求動機，也有更高的主觀幸福感。

近年來，對於天才的定義更加廣泛了，除智商以外，創造力也是重要的表現形式。

心理學家們發現，開創性的人才，更具有創造力，創造力的部分所發揮的作用比智商更重要。尤其在科學界，創造力尤其被重視，創造力代表一種能夠激發新奇想法、創新性解決方法的能力。有創造力的孩子，其父母通常鼓勵他們的好奇心，支持他們對自己感興趣的事物進行深入探索。

在心理測量學家們深入研究創造力時，他們發現，創造力更像是一種發散性思維，而不是聚合性思維。聚合性思維要求個體找出問題的一個最佳答案，而發散性思維要求個體發現問題的各種解決途徑。發散性思維和智商的關係只是中度相關聯的，它與普通的智力認知技巧有區別，也可以透過培養來提高發散性思維的能力。因此，我們通常還會看到，很多有創造性的人才，他們靈活、變通、不墨守成規，甚至有些叛逆。

兒童在進入青春期的階段時，開始追求個性張揚、自由、新奇，除了繼續對孩子的智力投入，也是鼓勵培養發散性思維、創造力的大好時機。大多數人都有創造的潛能，不

第二節　超乎意料的「黑馬」：創造力、勇氣、獨立性爆發的青春期

僅僅是高智商的孩子可以成為傑出人才。只要能夠整合創造性的資源，都可以發揮創造。

專門研究創造力投資理論的心理學家史坦伯格（Robert Jeffrey Sternberg）認為，那些創造性高的人在思想領域裡非常擅長像做投資一樣「買低賣高」，意思是，他們喜歡投入在新奇的領域，別人不常關注的領域，有時可能不被支持，或不被看好，但就在這樣的懷疑的目光中，他們創造出讓大眾大吃一驚的高價值創造。

史坦伯格從幾個方面，分別描述了哪些因素促成創造性的發展。

首先，他們具備解決問題、分析哪些領域是否值得自己投入的智力才能。如果一個人不能對自己的想法做出評估，以及無法向他人推廣自己的想法，表達自己的想法有什麼價值，他很難達成成果。

其次，知識的累積。無論是文學、音樂還是科技領域的領先人才，都對自身所在的領域非常熟悉，就算牛頓被蘋果砸到頓悟，那也是他首先要知道什麼是力學。頓悟只會光顧有準備的頭腦。

再次，這些創造性的發展，需要鮮明個性特徵、明確的動機。有研究顯示，樂於冒險，在不確定的情況下仍保持清醒的頭腦，對某些想法堅定的追求和信心，都與創造力有很

緊密的連繫。人們對這個領域具有真正的熱情，而不只是想著會有怎樣的回報或獎勵，具有熱情和興趣本身才是獲得創造性成就的必要條件。

最後，很多時候這種創造性的發展，確實需要外部環境的支持。例如，很多在音樂、棋類、數學方面有特殊才華的兒童，他們的成長得益於支持性的環境，他們的父母很早就發現了孩子的天賦與眾不同，能夠請專家、教師來輔導孩子特殊才能的發展，並願意投入時間、人力、物力來支持孩子們走上與眾不同的發展路徑。

史坦伯格的研究認為，這幾種因素共同決定了創造效能力的發展，創造力不僅僅是發散性思維這個單一因素，而是多種因素的綜合反映。

在課堂上如何培養創造力，是心理學家探討過很多的話題，例如，加德納的多元智能理論（Multiple Intelligences）提倡為學生提供發展各種能力的機會，包括空間智力（繪畫、雕塑）、身體運動（舞蹈運動）、語言智力（演講），雖然這些內容對提高傳統科目的成績沒有太大幫助，但針對有特殊才能的孩子，能夠發現他們的特殊才華並支持他們追求發展是很重要的。

在兒童時期，可能就會顯露出特殊才能，只是很多家長並不能確定這一點。心理學家建議，即便無法在早期確定兒

第二節　超乎意料的「黑馬」：創造力、勇氣、獨立性爆發的青春期

童的特殊才能，在兒童對某些不合常規的事物表現出異常熱情的時候，應該給予孩子支持，如果可能的話，請專業人士來教導孩子，也許正是幫助了未來一位了不起的創造型人才。

在青春期這個特殊的時期，孩子很有可能會在智力、意志上爆發出超越以往的潛能。家長給予的教育投入和環境的支持，會顯現出對智力成就發展的持續影響。智力成就需要天性和後天教養來共同塑造，智力成就對孩子未來的發展也具有整體性的影響，包括未來的職業、社會地位、情緒發展、領導力、受歡迎程度。創造性相比智力的成就，是更加綜合的成就，它包含了智力、認知、個性、動機和環境因素。

無論是哪種實驗或理論，都可以作為很好地支持證據，在青春期這個特殊的階段裡，孩子會具有不同尋常的自主性，我們可以透過各種豐富的機會，來支持孩子的主動性，幫助他們獲得智力成就和獨特的創造力。

第三節　性的困惑：
增強安全意識家長首先要穩住

兒童在四五歲時關於性別的觀念基本就已經定型了，許多 3 至 7 歲的孩子對於性別認知已經具有標準。嬰兒時期，我們就會看到嬰兒研究自己的身體，5 歲的男孩就有可能像個男子漢一樣思考，認為男孩不應該玩布偶娃娃。而到了青春期，孩子們會變得對跨性別的行為，更加不能容忍，這時他們經歷一個「性別強化」階段。

男孩開始更加認為自己具有男子氣概，女孩也開始更加強調自己的女性化一面。如果家庭中既有男孩也有女孩，通常父母會對與自己性別相同的孩子負有更多的責任，這也會強化性別。這時的青少年開始逐漸意識到，必須遵從傳統的性別角色，才可能在吸引異性上更有競爭力。過去「假小子」式的女孩，會開始變得在穿著與行為上更加女性化，男孩也會更加展現男子氣概。

但也會有例外的情況，由於許多文化中都給予男性更高的地位，有可能會發生「男性欽慕」。「男性欽慕」不只是發生在女孩身上，也會發生在男孩身上。「男性欽慕」會顯化出很多種類型，有的女孩可能會像男孩一樣穿著、言行，她

第三節　性的困惑：增強安全意識家長首先要穩住

們看低自己的女性身分。有的女孩可能非常崇拜男性身分，以至於完全害羞無法與男性交談。當「男性欽慕」發生在男孩的身上時，有的男孩會非常崇拜「男子氣概」的行為，壓力太大認為自己無法成為男子漢。最困惑的是，一些長相像女孩的男孩，可能會被人恥笑「像個女孩」，如果他們不能在心理上很有力量，認同自己「長相如何」在自己的性別身分中毫不相干，他們可能會在行為上女性化，模仿女孩。心理學家建議，在青春期性別強化階段，父母必須扮演積極角色，鼓勵孩子們相信自己，認同自己是最重要的。而在突破性別刻板印象的限制上，父親有著很重要的推動作用。

在這個時期，很多家長非常熱衷於為孩子發展「性教育」，彷彿不做關於性教育的傳授，孩子們會在無知中長大。但是心理學專家們建議，沒有必要向孩子不斷灌輸不必要、不恰當的性知識。家長可以反省一下自身以及身邊人的經歷，孩子在這個時期會自然產生好奇，但如果他們沒有主動向家長詢問，家長不必過於積極，反而在這些方面應該謹慎，不要在家裡存放不該讓孩子接觸到的色情圖片、圖書或影像，不要給孩子性慾上的刺激，這可以避免很多不必要的麻煩。青春期與成年早期不同，孩子在青春期的主要任務是實現同一性的目標，成年早期才是對於親密關係需求最關鍵的時期。

第七章　青春期的挑戰

在這個時期,對於碰觸孩子也應該多加小心,父母與孩子之前溫暖的擁抱是可以的,但要小心不要激起孩子的生理反應。與此同時,也建議父母在孩子面前,也盡量迴避親密舉動。如果有條件,也應盡量避免父母與孩子睡在同一個房間。

對於這個時期,父母應該非常謹慎小心,不能草率。如果他們不能對孩子這個階段的性格、生理狀態、心理狀態有很好的了解,也就更不可能明白孩子會受到什麼樣的影響。

第四節　青春期的挑戰：
為成年做準備為自己的選擇負責

　　青春期，在人類的一生發展過程中被賦予非常重大的意義，其實人們把每一個重要轉捩點都賦予了重大意義。父母和孩子們因此如臨大敵，青春期之前，孩子們還是我們懷抱中乖巧懵懂的寶寶，而轉眼過完了青春期，他們就要獨自離開家，成為一個成年人去獨立生活了。哪個父母能不飽含深情與期待呢？

　　當青春期結束以後，孩子們要開始面臨親密與孤獨的問題，他們離開家，進入大學，走向社會，開始承擔社會責任，他們要與人建立親密關係，還要與人合作，履行自己的承諾，承擔責任。

　　解讀青春期最大的焦慮，其實不是來源於生理的改變，而是社會環境要求孩子們做出的變化，這是青春期最大的情感擔憂。

　　我們需要教會孩子們，漸漸地將自己視為社會中的一員，是平等的一分子，為自己的選擇和行為負責的同時，也要去承擔來自社會的責任。親近社會，親近社群，對待異性

第七章　青春期的挑戰

為平等的夥伴。在青春期時，孩子們所遇到的所有問題，都是為了他們成年以後做準備。

有的孩子在家長的看護下、教師的強迫下才可以完成任務，但在只有自己獨立面對的時候，卻無所適從。有些孩子無法離開家庭的小圈子，恐懼更廣泛的社群，只因為擔心外面的世界不會

像家裡一樣一切以他為中心。有的孩子排斥他人，攻擊他人，無法進入親密關係、給予他人承諾。

但是整體來說，孩子們在經過了父母、教師、班級集體的陪伴經驗之後，會進入獨立和自由的階段，他們擁有廣闊的空間去實踐。對於人的一生發展，遺傳、生理、環境、養育等因素雖然都有影響，但心理學社會性經驗是最重要的影響因素，不論孩子們經歷了什麼，成功、失敗、錯失機會，還是順利，一切都是為了塑造積極完善的自我。

當我們為孩子們創造各種學習的機會時，永遠要記得先決條件是確保安全。安全是一切生命活動的基礎，安全也是所有上層精神需求的根基。我們在不傷害自己、不傷害他人的前提下，在確保安全的前提下，為孩子們創造多元情景模擬，讓孩子們有機會體驗不同的人生選擇，並學會為自己的選擇負責。

如今的社會文化、價值觀越來越多元，我們的下一代在

第四節　青春期的挑戰：為成年做準備為自己的選擇負責

青春期時所要面對的「同一性」建立，可能要比上幾代人的「同一性」具有更豐富、更立體的層次。在認知與技能上，我們的下一代會同時具備我們曾經需要花上兩輩子才能學習的技能與知識，也可能因為其思維的開放性而同時融合多種價值觀。他們在生命價值的追求會比上幾代人更加自主，在獲得幸福感的維度上也比我們更加擴展。

現代科技、資訊的發展，已經可以提供非常多的方法幫助我們實現多元情景模擬，譬如 VR 技術、沙盤演練、情景戲劇課程、案例分享、主題體驗等。這些多元情景模擬體驗，都是為了孩子們成年以後做準備。

在多元情景模擬中，孩子們在不同的人生角色、不同的時期、不同的價值觀、不同的資源與限制條件下，逐漸明晰自己不要什麼，自己想要什麼，自己的目標是什麼。他們會理解，並用自己的選擇和行為來表達「我是誰」，自己為自己的選擇負責。

我們幫助孩子們創造這種學習與實驗的機會，讓孩子們可以開放性地思考如何描繪自己的生命藍圖，如何創造自己的生命。

第七章　青春期的挑戰

第八章
懲罰、語言暴力的影響

第八章　懲罰、語言暴力的影響

第一節　體罰無效：消除不合作意識樹立正確認知

對小孩子懲罰性的「打屁股」是一種常見的體罰，美國有一項調查資料，在 962 個樣本中，約 64％父母報告說他們對 19 至 35 個月大的孩子打過屁股，約 26％的父母會經常打孩子的屁股。

有大量的心理學研究證明，體罰會讓孩子帶來消極結果。在孩子越小的時候被打的次數越多，長大以後顯示出的問題也會更多。在對 1,000 名兒童的追蹤觀察時發現，15 個月大時所接受的體罰，與他們入學一年級時出現問題之間有顯著連繫。

個體心理學之父阿德勒在大量研究少年犯罪問題得出結論，體罰是無效的，它只會增加負面敵意和不合作。

很多犯罪分子在學校裡時遇到過類似的處境，他們缺乏合作意識，由於行為頑劣，面臨很多的懲罰、責備，這加強了他們對自身處境的無望，覺得他人是與自己敵對的，自然很討厭這種氛圍環境。被體罰的孩子，最後的自信與自卑也會因體罰而喪失，他們開始逃學，在學校以外的社會遇到了

第一節　體罰無效：消除不合作意識樹立正確認知

與他們類似的其他孩子，這些人群可以互相理解，還會支持他繼續反對社會，對抗學校，與大眾為敵。當他對生活、學業中該學的和該做的都不感興趣時，他們更會覺得這個團體在一起是輕鬆的。就是這樣，很多孩子加入了犯罪團夥。即便再用什麼樣的懲罰，都只會更加讓他們堅定地燃起敵意。

他們會將懲罰作為自己戰勝恐懼的挑戰，不管是體罰、經濟懲罰，還是其他形式，這些人會認為懲罰越重，越有挑戰，他們以狡詐戰勝的欲望也就越強烈，並在這犯錯的道路上越走越遠。

關於犯罪者的懲罰是一個極端的例子，很多父母確信自己的孩子不是這樣的極端人群，但也還會用體罰的形式來懲罰。很多時候，當我們使用體罰這種強力手段時，是在認為某些人是邪惡的，為了讓他們悔改、長記性，希望懲罰的痛苦讓他們：①意識到自己錯了；②感到懊悔；③改變行為。但心理學家們一直認為，體罰並不是一種很好的教育手段。

首先，體罰的恐懼很難讓孩子感受到父母的愛，有時孩子因為不想在父母面前屈服，在行為上就不一定會如家長所願，即便他們認為這樣做有益處，也會因為抵制的心理而拒絕去做。其次，很多時候體罰所帶來的效果，用其他的方式一樣可以達到。

對於使用體罰懲罰孩子的大人，本身是不成熟的。比

第八章　懲罰、語言暴力的影響

如，他們意識不到自己的行為會有什麼後果，他們在懲罰他人的時候有時更多是滿足自己發洩情緒的需要，他們認為自己有「權利」懲罰他人。

懲罰對於關係所帶來的傷害，其代價遠遠大於你想要的立竿「見效」，有時家長找不到更有耐心的解決途徑，體罰便成為一條「省事」的捷徑，但是一旦我們讓自己成為「施暴的人」，就很難再得到友善、積極的回應了。

美國非暴力溝通專家馬歇爾‧盧森堡（Marshall B. Rosenberg）描述過他參與過的案例，有一所學校的校園秩序非常混亂，很多班級都發生了教學無法進行下去的情況，有一些學生甚至會帶著啤酒來到教室，活躍地交談，打擾到想要聽課的學生，很多教師對這種情況束手無策。很多學生認為，學校或教師應該用體罰的形式，懲罰那些擾亂秩序的學生，否則這種混亂的情景似乎沒有解決的辦法了。

在心理學家的建議下，學校單獨準備了一間教室，給那些暫時不想上課的學生提供了一個去處，同時為願意學習的學生創造更好的條件。學校對學生們說，這是集體討論的結果，並不是學校的命令，這樣做也不是為了懲罰，而是為了給其他想學習的同學提供權利。同時在這間教室裡，安排了一位非暴力溝通技巧的教師，當有學生來到這間教室時，會主動與學生交談。這間教室的設定以及溝通的方式產生了

第一節　體罰無效：消除不合作意識樹立正確認知

重要作用，除了迴避矛盾，避免傷害，也同樣有效地解決問題。最重要的是，體罰會讓人看不到事件背後的意義，更多的結果是關係傷害，這結果與我們的初衷背道而馳。

心理學家羅斯・帕克專門研究了如何控制兒童不良行為。整體而言，最好的方式是由一位和藹的家長，用嚴厲、一致而即時（不是延時的）的懲罰是最有效的，這個懲罰需要能夠提供一個禁止某個行為的合理解釋，這種懲罰才會有效。

這個自我道德培養的核心是解釋認知理由的效應，但效應不是懲罰所產生的。因為真正的自制力是由認知控制表現出來的，而不是孩子內心的恐懼和擔憂。

如果只是擔心受到懲罰，並不足以讓孩子在沒有外界監督的情況下主動遵守規則。為了建立真正可以內化為自制力，需要的是告知孩子為什麼要限制某種行為，以及在做出不良行為後為何要感到愧疚。根據帕克的研究，從內部歸因可以促進道德自制力的發展，讓孩子相信自己，可以抵制誘惑、遵守道德規範，給他們貼上「誠實和善良」的標籤，不僅可以增加他們抵制誘惑的控制力，還可以促使他們做出符合積極自我形象的行為。

■ 第八章　懲罰、語言暴力的影響

第二節　語言暴力無效：避免道德批判、比較、迴避責任和強人所難

「語言是窗戶，或者它是牆。語言審判我們，或讓我們自由。」一位詩人用這樣的詩句表達出語言是一把雙面劍，語言也是智慧，我們能認知到語言和表達有很大的影響，很多時候我們不承認自己的語言是「暴力的」，但事實是我們的語言確實常常引發他人或自己的痛苦。

因此，我們首先需要對「暴力」語言做出一個界定，這樣的語言通常是說話人自顧發洩自己的情緒，忽視他人的感受，也可能忽略真正的目的，最終的影響也是負面的。它既不會讓你完成目標，也很難滿足你的個人願望，還會加深矛盾，製造更多的問題。

非暴力溝通專家馬歇爾‧盧森堡將常見的語言暴力歸納為4種類型：道德批判、比較、迴避責任和強人所難。

道德批判心理學家哈維在研究語言與暴力的關係時將許多國家的文學作品中隨機選出其中的篇章，對文章中某些詞語的出現頻率做了分析，這些詞語都涉及道德批判。他的研

第二節　語言暴力無效：避免道德批判、比較、迴避責任和強人所難

究結果說明，道德批判類的語言詞語使用頻率越高，暴力事件就越頻繁。在某些社會、時代，人們習慣將人區分為好人和壞人，並認為壞人要受到懲罰。在另一些社會，人們傾向於圍繞人的需求考慮問題。後一種類型的社會暴力事件更少發生。

人們經常所做的道德批判，是以自己的價值觀為基礎的，他們將價值判斷和道德判斷混為一談。在看到一個人的行為，不符合自己的價值觀的時候，就將他視為「邪惡而應該被懲罰的」，這就是道德批判。不論批評、指責、辱罵、歸類、比較、評論，這都是在批判別人 —— 以個人的價值觀，站在道德的制高點，批判他人。

心理學家研究價值觀的時候發現，絕大多數的價值是更接近於一個人自我概念的核心，而不是眾多人都認同的。每個人所認為的什麼是可貴的，有很大的區別，有的人認為自由、勇敢、開放是價值，還有的人認為保持傳統、堅持、誠實是價值。經濟學家的價值觀是利潤最大化，政治家的價值觀是組織效用最大化，宗教團體的價值觀是信仰虔誠，藝術家的價值觀是美，理論家的價值是注重概念，社會學家的價值觀是注重人的需求，環保主義者的價值觀是生態平衡。這些價值觀都不同，這些都暗含了每個個體或集體的核心的主張，但我們不能因此作為要求他人也與我們一樣，甚至是用

第八章　懲罰、語言暴力的影響

道德批判他人。

小孩子可能因為教師又晚下課，就會說教師「太過分了」；球迷因為喜歡自己鍾情的球隊，罵其他球隊的球迷是「混蛋」；小孩子想讓家長多陪伴，我們就說「太黏人了」；如果同事要求工作細節，我們就說他「強迫症」；如果他不如我們認真，注重細節，我們就說他「馬馬虎虎」。

這些評價都暗含著我們以自己的價值觀去批判別人。我們直接這樣用語言表達出來，或者向其他人抱怨，這就為我們累積了敵意，有時是立竿見影的衝突，有時對方可能因為礙於面子做出讓步，接受了我們的批評，但也不是心甘情願的。久而久之，他們不會與我們像以前那樣友好，迫於內部壓力和外部壓力，接受與自己價值觀不符的批評，對自己是一種傷害。要麼心懷恨意，要麼埋怨自己。直到矛盾累積到嚴重的程度，關係就會嚴重地破裂。

最好的方式是求同存異，直接明白地說出自己的價值觀，而不是指責他人。不要使用語言暴力來解決問題。大部分的暴力的根源，都是來自忽視別人的情感需求和感受，將衝突歸咎於他人。無論是個人之間、家庭內部，還是公司、國家、民族間，從語言、行動，到精神、身體上的暴力，都是源於此。

比較。將人與人進行比較是另一種批判的形式，心理學

第二節　語言暴力無效：避免道德批判、比較、迴避責任和強人所難

家詼諧地稱：如果想過上悲慘的生活，就去和人比較。

心理學家發現，現在人最大的焦慮來源是廣泛充斥於媒體上的標準，例如，完美身材的男人或女人的全身照、代表財富和地位的某種富有的生活標準。心理學家做了一個測試，讓實驗者將自己的身材尺寸量好，再給他們媒體上美女或帥哥的身材尺寸，讓他們比較差別，實驗者的心情會變得很糟糕。他們還做了另外的實驗，比如，用自己的成就和12歲時的莫札特做比較，更不用說將自己的存款數額與富豪的財富去比較。

比較是讓人忽略自身的優勢、破壞滿足感、降低主觀幸福感，以及蒙蔽自己對自己的愛意的行為。說出比較的話語時，這背後是蒙蔽的愛，它是破壞性的行為。

最好的方式是不斷地接納，接納自己生活中好的時候和壞的時候，接納每個人的不同，接納世界存在的多樣性。日漸寬廣的胸懷，會讓人懂得：人生不需要比較。

迴避責任。每個人對自己的思想、行為、情感、選擇都應該負有責任，可現實中我們經常能聽到人們一邊抱怨做著自己討厭的事，一邊口頭上說著，我沒有辦法，我不得不這麼做。這便是一種逃避自己該負起責任的說辭。

非暴力溝通專家馬歇爾·盧森堡記錄過這樣一個案例，在一次關於迴避責任的討論會上，有一位學生的家長說：「我

第八章　懲罰、語言暴力的影響

不同意告訴孩子們他們有些事不得不做，這並沒有錯，生活現實就是這樣，事實上，20年來，我每天晚上為他們做飯，我恨透了做飯，但是我不得不做！即使我已經累得像狗了，還是要做，因為我不得不做！」在聽完這樣的敘述以後，馬歇爾與這位女士討論了為什麼她長期做著自己不願意做的事情，以及用非暴力的方式去和家人溝通的技巧。之後，這位家長找到了方式，並已經決定不再做晚飯。之後，又過了一段時間，這位女士的兩個孩子也參加了關於溝通的學習，見到了馬歇爾，談到了他們的母親不再做晚飯的決定對自己有什麼影響，他們對馬歇爾說：「我們真高興，再也不用在吃晚飯的時間，聽媽媽不停地抱怨了！」

這只是一個簡單的例子，沒有那麼多你不得不做的事，只因為你沒有充分對自己負責，在你抱怨、發牢騷，或者冷漠地說著「我不得不這樣做」時，好好覺察一下，你逃避了什麼責任。

一位作家記錄了戰爭法庭審判納粹戰犯阿道夫・艾希曼 (Otto Adolf Eichmann) 的過程，根據紀錄，這位戰犯不停地使用迴避責任型的語言，在被詢問他採取了什麼行動時，他回答「我不得不這樣做」，當被詢問為什麼這樣做時，他回答說「是長官的命令」、「是根據公司的規定」、「是根據章程」、「是根據法律規定」。當他說根據這些理由行動時，尤其是殘

第二節　語言暴力無效：避免道德批判、比較、迴避責任和強人所難

害他人的行為，他在試圖逃避自己也是罪犯的責任。

馬歇爾·盧森堡整理了這些類型的語言，都屬於迴避責任的說辭。

受無名力量驅使

為什麼做晚飯？

因為我不得不做。

他人行為

為什麼要打小孩？

因為他不聽話。

上級命令

為什麼向客戶欺瞞？

因為老闆讓我這樣做。

同伴的壓力

為什麼吸菸？

因為朋友們都吸了。

機構的規章政策

為什麼要裁掉員工？

因為違規，根據規章，必須這樣做。

第八章　懲罰、語言暴力的影響

無法控制衝動

為什麼熬夜打遊戲？

因為控制不了我自己。

這些異化的溝通方式，背後是人對於自我掌控的喪失，缺乏責任感，對於背後無名力量、組織、規章唯唯諾諾地盲目服從。人一旦意識不到我們是自己的主人，就可能成為危險人物。

最好的方式是對自己更真實，了解自己的需求和恐懼，弄清楚自己逃避了什麼責任，自己逃避了什麼樣的挑戰，那背後正可能是我們需要跨越的障礙，是我們必須經歷的成長。

強人所難。強人所難的語言、命令背後暗含的是威脅。威脅，意味著他人如果不答應要求，將會受到懲罰。有時它是明確地講出來的威脅，有時是以其他形式表達的威脅。有一種強人所難，先在開始的時候用請求的方式提出來，如果他人不答應請求，馬上向對方發起責難，或用情緒操縱他人，引起對方內疚，想達到目的，這也是強人所難的命令。

當他人在聽到強人所難的語言、命令或威脅的語言時，只看到了兩個選擇：服從或者反抗。他人並不會樂意滿足說話人的需求，若我們平時就有責備他人的習慣，那他人更可能不願意。如果繼續將他人的不服從，看成一種排斥，而不去考慮他

第二節　語言暴力無效：避免道德批判、比較、迴避責任和強人所難

人的感受，這會形成一種命令威脅與反抗的惡性循環。

父母、教師或上司，都相信自己有責任改變他人，並讓他人按自己的要求遵守規矩。管教孩子、學生，管理員工，是本職，但是往往提出要求的很多，卻無法強迫他人按照我們的期待去生活。尤其是孩子，越是強迫、高壓、盛氣凌人，越無效，甚至動用懲罰，但換來的反而是更厲害的對抗。

強人所難和道德批判背後有類似的機制，道德批判將人區分為好和壞，強人所難將人區分為「受獎勵」與「受懲罰」。這彷彿是來源於我們的祖先，那時的人被訓練成為奴隸，服務於專制者的利益，若不服從命令將會受到懲罰。我們大多數人，確實自動習得這種說話的方式，這讓我們也的確受到了懲罰——語言本身帶來的衝突和愉悅的關係已經是一種懲罰。

最好的方式是，在生活中不要去強迫他人，更多考慮他人的感受，表達出我們的願望、需求、請求，而不是「命令」。

非暴力溝通專家給出這些建議，改變語言習慣，更高效的溝通。

減少說「你應該」、「你不應該」。

將「請開門」變為「幫我開門好嗎」。

第八章　懲罰、語言暴力的影響

在說話時，不要比較。

即便不符合我們的價值觀，也不做道德批判。

將「我不得不做」換成「我選擇做」、「我為自己負責」。

如果我們願意去體會什麼會讓他人回答「是」，我們的表達便是「請求」，不是「命令」。

如果他人回答「不」，充分去體會對方的感受，如果你知道有什麼妨礙對方回答「是」，就不要再繼續試圖說服。

第三節　包容的智慧：學會觀察，不做批判

　　我們的頭腦分為左腦和右腦兩個部分，左腦負責邏輯、推理、計算、語言、科學，它是我們智力的主宰。右腦負責非邏輯、創造性、感受、直覺，它是我們感受的主宰。

　　如果現在我們的面前有一桌美食，左腦會分析計算這些美食的營養成分、蛋白質、纖維、卡路里，也許還會想起採購食材時漲價了，你的頭腦像一臺機器一樣運轉計算，你還能享受一頓美餐嗎？而你的右腦，如果它運作良好的話，你會聞到食物的香氣、顏色，然後用舌頭品嘗它的味道，當你一邊享用著美食，身體也一邊體驗著這一刻的幸福滿足感。這就是自然賦予人類的禮物——經驗的感受。

　　印度哲學家克里希那穆提（Jiddu Krishnamurti）曾經說：「人類最高的智慧是學會觀察而不是批判。」他的意思便與「左腦」和「右腦」的區分有一些類似，當我們不受大腦的思維、評判控制時，我們可以用生命的經驗去觀察、體驗、感受。因為此時，人類可以完全地投入當下的生命，既沒有計算未來或過去，也沒有陷入左腦機械計算的程序裡，只是感受當下，體驗著此刻的事物。

217

第八章　懲罰、語言暴力的影響

感受當下、觀察和體驗，代表著我們天生對美好事物的欣賞、好奇、直覺和天賦，這些特質讓我們的生活輕鬆、美好、喜悅。只是單純的觀察和體驗，並不比較、批判，它不尋找「對與錯」，也不分析問題或製造問題，也沒有「事情應該如何」，體驗只是欣賞什麼是滿足、美麗、獨特，看待每個人就像看待大自然中的一切，感受大樹或者小草，不去比較批判它們。這便是感受、觀察、體驗的智慧之處，它簡潔、靈巧、充滿了創造力、智慧和喜悅。

但這些品格在現代快節奏的生活、競爭、求生存的社會中並不是一定必要的，觀察、體驗的品格因此被教育忽略了。在教育中，我們更多地被訓練使用左腦思考、推理、收集資訊，我們的智力部分，不停地比較分析，即便沒有特殊的目的時，它也不會停下來安靜，它善於發現「錯誤」和「漏洞」，然後製造出一連串的問題，這被稱為我們頭腦的天性。

但是自然賦予了我們兩者——頭腦與體驗，分析與觀察，智力與感受，因為我們需要活出完整的生命。不要因為我們太善於頭腦的鑽營，迷失在各種分析、比較、計算之中，而彷彿生命始終缺失了什麼。在我們的整個浩瀚的生命中，學會在分析批判中停頓，在停頓中去深入地觀察、體驗，這會讓我們在不知不覺中改變生活的品質、人際關係的狀態，以及更深入地表達我們的生命力與創造力。

第三節　包容的智慧：學會觀察，不做批判

為什麼觀察在我們的生活、人際關係中非常重要？非暴力溝通專家將觀察列為最重要的一個因素。因為在與人交往溝通的時候，當我們把觀察與批判混在一起時，人們只聽到批判。語言學家認為，我們的語言生成年代久遠，代表了一種先天不足，它是靜態的。而我們的世界是變化動態的，包含著無盡的過程和複雜性。如果用絕對化的結論來定義變化的人、事、物，會引起他人反駁我們。因此，非暴力溝通，主張用動態的語言觀察和描述事件，而不是定義、批判他人。而且假如定義是負面的語言，所造成的影響就更大。

我們每個人都擔心他人對我們的想法，假如有9個人對我們大加讚揚，但是有一個人對我們有負面的評論，那個負面的評論對我們影響非常大。

為了幫助我們區分觀察和評論，語言學家給出了一些例子。

展現出評論人對發表的評論負有責任

觀察與評論混淆的說法：你真慷慨。

區分觀察與評論的說法：當我看到你把僅剩的生活費都捐出去時，我認為你太慷慨了。

把預測當事實

觀察與評論混淆的說法：如果你與部門經理不融洽，你早晚丟掉工作。

第八章　懲罰、語言暴力的影響

　　區分觀察與評論的說法：如果你與部門經理不融洽，我擔心你會丟掉工作。

缺乏事實根據

　　觀察與評論混淆的說法：他不負責任。

　　區分觀察與評論的說法：上週他離開辦公室時沒關燈。

把評論當事實

　　觀察與評論混淆的說法：他長得醜。

　　區分觀察與評論的說法：我覺得他的長相對我沒什麼吸引力。

　　避免使用產生評論效果的詞：總是、從不、經常、很少

　　評論效果：你從不來參加我的家長會。

　　盡量使用確切的數量描述：一週3次、半年裡沒有過、每週最少兩次。

　　觀察效果：我們班級最近3次活動，你只來參加了一次。

第四節　感受：
感受對方是最高效的溝通

　　兒童心理教育專家描述過發生在幼稚園裡兩個 4 歲兒童身上的一段成長插曲，但可以讓我們驚訝地看到，清楚地表達感受在溝通中多麼重要。

　　一個 4 歲男孩把腳搭在樹幹上綁鞋帶，樹很細所以晃動，一個女孩跑過來生氣地質問：「你不知道樹有生命嗎？你傷害了樹！」

　　男孩也生氣了：「我才沒有傷害樹！」說完這個男孩急哭了，然後跑開了。

　　幼稚園的教師聽到孩子爭吵，便過來看，由於這是一所主張愛與自由的幼稚園，教師都知道要給兒童情緒完整釋放的過程，並幫助兒童認知自己的情緒，於是這位教師並沒有給予孩子建議或說教，只是在一旁默默陪伴，直到這個男孩情緒平靜。

　　男孩主動和女孩說話了：「我剛才確實傷害了小樹，但是妳說話的態度也傷害了我。」

　　這時，女孩也理清了自己的內在感受，對男孩說：「我剛

第八章　懲罰、語言暴力的影響

才很著急,因為太生氣了,我應該好好跟你說話。」

在一旁目睹了整個經過的教師和家長十分感慨,將這件事當作案例記錄下來。這向我們展示兒童的內在有著天生領悟,他們天生要經歷自然地處理自己情緒的過程,當沒有成人或外界為他們反覆疊加複雜的情緒時,兒童只是讓情緒自然經過,便可直達內心的愛與真理。

嬰兒從降生時起,便擁有豐富的原始情緒:恐懼、憤怒、急躁、高興、驚訝、好奇⋯⋯這些構成兒童發展中豐富多彩的情感世界,透過這些情緒的表達與流動,他們與這個世界及身邊的人都拉近了距離。

我們在很多實際發生的事情中看到這個神奇的過程:第一次離開家來到幼稚園的孩子,哭喊著媽媽,直到媽媽離開視線,孩子依然哭泣,在哭泣中釋放著自己恐懼,如果這時有一位教師可以在一旁陪伴,並不對孩子的哭泣責罵或干預,孩子的恐懼在哭泣中逐漸釋放完,之後哭泣轉變為傷心地哭,對陌生環境的恐懼沒有了,只剩下離開媽媽的傷心。就在他的哭聲中,他發現世界離自己越來越近了,自己和別人的距離也近了,他回到了自己的感覺、自己所處的環境,心情開始平復,開始接納當下的一切。

孩子的成長,是一個逐漸擴大的過程,他需要接納更多的人、更大的世界、更多的變化。剛剛離開家,來到陌生的

第四節　感受：感受對方是最高效的溝通

環境，見到陌生的人，孩子因此而恐懼，哭是一種生命自我保護的動能，而壓抑哭泣是自我壓抑防禦機制。在哭泣的過程中，孩子藉助自然的釋放，恢復了正常的感覺、心理和認知，慢慢地接納了新環境，接納了新的人和情景。正是情緒幫助了孩子自然的過渡，接受了原本不可能接受的事。這是一個自然過程，一個轉變過程，一個開拓過程。

在兒童的發展過程中，正是情緒平衡著這些變化，他的承受力、接受力、化解各種危機以及從各種壓力衝擊中復原的能力，都是由情緒的自然調節促成的。

我們都希望孩子長大以後的狀態是，無論面對怎樣的不被接納、不被理解和紛爭，都可以不受情緒困擾，找到解決之道，而他會因此發展出善待自己、善待他人的價值觀。

而作為成人成長的經驗，多數人覺得哭不好，哭是無能軟弱的表現，男兒有淚不輕彈，哭不能解決問題。正是由於成人對「哭泣的」焦慮感和恐懼感，導致了我們不接納兒童哭泣，不接納兒童哭泣，我們便抑制了兒童天然的調節機制，讓兒童無法獲得成熟平衡的情緒發展，情緒是人類先天的自我調節功能。

兒童的情緒自我調節，是一個黑箱操作的過程，只要有成人耐心陪伴，給兒童時間和空間，讓兒童與自己的情緒獨處，隨著他們自我調節過程的逐漸完整、熟練，他們的情緒

第八章　懲罰、語言暴力的影響

成熟度發展的程序會越來越快。

有些父親或母親，他們自己的情緒體並未得到成熟的發展，自身就有很多無法理清的複雜情感，這些情感原本在童年時期可以完整地認清，但卻錯失了最佳的機會，即便是他在成年後遇到問題，也不能清楚明白究竟問題在哪裡。當他們成為父母以後，很容易和年齡還小的孩子情緒共生，在孩子哭泣處理自身情緒的時候，家長在一旁與孩子一起或憤怒、或焦慮、或崩潰。

對於這樣的父母，由於他們完全不能明白孩子成長的需要，兒童心理專家給出最好的建議如下。

請允許孩子擁有情緒！

不要啟動自身發展不完善的情緒體質，試圖去理解孩子們的情緒。孩子的情緒是孩子的，你的情緒是你自己的！

由於孩子天生弱小，成人在孩子面前是放鬆而不節制的，他們很容易不去控制自己波動的情緒。變化無常的情緒，極易讓兒童產生不安全、恐懼、對抗、焦慮的情緒。希望成人和孩子一起成長起來，讓自己的情緒發展更成熟！

成人在每個感受升起的時候，覺察自己的內在究竟發生了什麼，恐懼、焦慮、擔憂、自我懷疑等，這些與外在無關，是自己需要處理的內部狀況。

去理解情緒發展的重要，並學會在陪伴孩子時，幫助孩

第四節　感受：感受對方是最高效的溝通

子為情緒命名，就像告訴孩子「這是太陽，這是月亮」一樣，幫助孩子說出他內在發生的情緒「害怕」、「生氣」、「委屈」、「傷心」、「嫉妒」。

非暴力溝通的一條重要原則，便是體會和表達感受。能夠體會到自己的內在狀態，發生了什麼樣的起伏變化，是情緒發展成熟的表現，有很多成年人，在成長的過程中不斷被鼓勵壓抑自己的情緒和感受，並被告知相信權威，做正確的事，我們的感受不重要。

許多人認為暴露自己的情感會顯得自己軟弱，讓他人更加盛氣凌人。還有一些人表示，很久沒有感受到自己「有什麼感受」，尤其是從事律師、工程師、警察、職業經理這樣職業的人群，他們認為表達感受與自身的職業形象是衝突的，他們所在的行業裡也沒有這樣的情感文化。因為不能表達感受，而導致的溝通受阻礙，進而引發的各種人與人關係的受阻，組織效能下降，這樣的事情非常常見。

溝通專家分析人們在聽到不中聽的話時，我們自身的需求、期待以及對他人的看法，導致我們有不同的感受的反應。

人們聽到不中聽的話會有 4 種選擇。

第一種：自己感到愧疚，自己做錯了。當有人對我們說，因為我們做錯什麼事而指責我們的時候，我們會感到愧疚，

第八章　懲罰、語言暴力的影響

自我貶低。這種感受對我們是沒有益處的，它既不利於事情向好的方向發展，也不利於我們的身心健康與人際關係，它只會讓我們更加受別人的情感操控，為了贏得他人的滿意，而做我們並不願意做的事情。

第二種：指責對方做錯了。我們會反駁對方的做法，或者反駁他人對我們的指責。如果有人總是說我們不對，想要糾正我們，沒有人會不生氣。在爭吵中，我們憤怒，讓事情變得更加麻煩和複雜。

第三種：了解自己內在的感受。聆聽自己，就像小孩子梳理情緒一樣，我們可以看到自己的傷心、失望、憤怒等。在處理我們自己的情緒時，看見自己內在發生了什麼，將會更快讓我們從纏繞著的糾結中抽離出來。更直接面對我們的需求和期待。

第四種：用心體會他人的感受。如果我們能夠體會到他人也有需求，有他們所害怕的、期待的，我們會停止互相指責，才可能達成互相理解，換位思考。

當我們只關心自身情感，忽略他人的情感，將自身的感受歸咎於他人行為時，是在利用他人的內疚感，我們逃避自己的責任。

例如，我們對孩子說：「你考試考得這樣的成績，我很傷心。」這是我們將自己的情緒歸咎於了他人，透過讓孩子感

第四節　感受：感受對方是最高效的溝通

覺到內疚，去控制孩子的行為。那麼孩子下一次想要取得很好成績的動力，是因為內疚，不想讓父母傷心而自己感到罪惡感才去讀書，並不是出於自己想要獲得自我成就。這種歸因，對於孩子的成長是不利的。

更好的表達方式，不是將自己的感受和他人的行為連繫起來，而是將自己的感受、需求和期待與他人的自身利益連繫起來，感受他人的狀態，為別人著想。

比較下面的說法有什麼不同。

(1)只提及相關事項：看到報告我真是很生氣。

表達期待：看到這報告讓我生氣，因為我很在意公司的形象。

(2)只提及他人行為：你考得這個分數真讓人生氣。

表達期待：我感覺到很傷心，因為媽媽真的很希望你能發揮出自己的潛能，擁有更好的未來。

(3)指責他人：老師又晚下課真讓我生氣。

表達需求：老師又晚下課我真是太生氣，因為我著急趕火車去看我生病的妹妹。

人們不善於確切表達自己的需求和期待，總是以責備、反擊的形式暗暗地表達，我們總是注重於責備別人做錯了什麼，將我們的期待強加於別人，希望他人理所應當就明白我

第八章　懲罰、語言暴力的影響

們的需求。如果別人不能明白，我們就用各種批評去指責他們，「不負責任」、「冷漠自私」。人們不願意「示弱」，但非暴力溝通專家卻告訴人們：當我們「示弱」，你會發現一切溝通都變得更加簡單。一旦我們願意坦言「自己的需求」，就很有可能找到解決之道，滿足雙方的需求。

第五節　傾聽自己：助人者先自助

　　生存是嬰兒的潛在本能，為了確保自己的生存，他們需要非常敏感地感知周圍的環境，這種敏感度是他們維持生存所必要的保護。在最開始，他們會很大限度地與環境共生，與母親、父親的情緒共生。在他們長大的過程裡，一邊從共生的情緒中剝離出來，一邊努力維持著情緒認知的敏銳。

　　兒童心理教育專家認為兒童生長的外部環境和條件只能依靠成人的創造，兒童唯一能創造的就是自己的內在。他們的情緒、認知、心理，都是全方位開放的，他們接納身邊的一切人和事，他們與生長的環境和人成為一體。他們接納養育者的一切，只是有時是痛苦的接納，有時是快樂的接納。痛苦對於兒童並不可怕，痛苦是成長的契機，兒童透過調節情緒、心理、認知來自我平衡，他們可以大哭，也可以有父母愛的撫慰，但如果他們被強制、被指責、被責罵，卻感受不到愛、支持的時候，他們就會有創傷。這種創傷所帶來的問題是，兒童會逃避真正有利於自己的，本屬於自我天性的探索。

　　在關於自我需求的表達方面，心理教育專家記述了這樣一個經歷。

第八章　懲罰、語言暴力的影響

　　孩子跑向正在工作的媽媽，坐在媽媽的腿上，要求媽媽陪她畫畫。媽媽陪著孩子畫了一會，因為著急完成手頭的工作，對孩子說：「妳去找阿姨陪妳玩，帶妳去院子裡看花好不好，今天外面天氣多好啊。」

　　孩子不同意，還纏著媽媽陪她畫畫，媽媽陪孩子又畫了一頁，說：「快去院子裡玩吧，阿姨帶著妳的小桶一起去，院裡還能挖沙子。」

　　孩子說：「我不要，我還要再畫。」

　　媽媽說：「那我們畫最後一頁。」於是媽媽陪孩子又畫了一頁。

　　孩子說：「這個沒畫好，再畫一頁吧。」

　　媽媽這下開始生氣了……

　　心理學家描述著這樣一個典型的經歷，很多孩子都可以感知到家長的心理狀態，是真真切切地陪伴著自己，還是人在身邊心在天邊。孩子對成人的情感、心理、思緒的感知，遠遠超過我們可以在思維上理解的。

　　這個孩子在這個時候的心理需求是「請好好關心我，我要和媽媽在一起」。但是這位媽媽卻一直沒有給予一個真正的關心，她的心理活動是：「快一點離開，不要打擾我工作，我現在的心思根本不在孩子身上。我一直忍耐著怒火，什麼時候能去找阿姨，讓我趕快清淨，把工作做完！」

第五節　傾聽自己：助人者先自助

孩子非常清楚，媽媽想用另一種方式吸引她離開，她很想要媽媽的愛，又能感受到媽媽焦慮、急躁的心情。她和媽媽是共生的，所以孩子就一遍一遍地要求媽媽陪她畫畫，孩子的內心活動是：「我就是不想走，我看妳要怎麼辦？」

其實，向孩子表達真實的狀態、自己的需求，是更可以讓孩子接納的。即便孩子可能哭著離開，這也是更好的方式。成人無法描述出這種狀態下自己心裡的真實需求，她可能並不能第一時間認出自己的無意識活動，這會讓孩子在感受和認知上同時與成人一起糾纏起來，他們感受不到真實的愛（媽媽莫不如真切地陪伴孩子，或者誠懇地說出自己的狀態），還會產生錯誤的認知（媽媽哄騙我，媽媽不認真陪伴我）。

對於很小的孩子，他們是容易區分這種感受、心理、情緒的活動的，但是隨著時間久了而經常發生，他們就會產生錯亂，他們越來越無法清楚地辨認出心理的需求和頭腦層面的認知。這會讓孩子的天然完整性被破壞與分裂。

心理學家提出，在兒童早期，需要寬鬆的時間和空間，由兒童自己整合自己的情緒、精神、心理，經由這一緩慢而全方位的整合過程，兒童才可以成為自己心理、情緒的主人。

成人有時太過於心急，卻不知道孩子的成長需要緩慢，這個緩慢並不是真正的緩慢，這個過程像一個暗箱操作，它

第八章　懲罰、語言暴力的影響

可以完成神奇的轉換。

兒童心理學家描述了這樣一個發生在父子之間的經歷。

一位父親在街邊買了一個剛烤好的番薯給兒子，兒子用稚嫩的小手幫番薯剝皮，但是做不好，急哭了。這位父親可能在小的時候，沒有獲得過「緩慢完整成長」的機會，在他看到兒子很費時費力地剝番薯皮的時候，在一旁開始惱火。他不成熟的情緒體驗在這時啟動了，一把搶過孩子手裡的番薯，替孩子剝起來，「怎麼這麼笨，我來幫你剝！」孩子聽到父親的責備，還沒有釋放完的情緒又疊加上父親的責備，更加混亂了。

兒童在生命最初的幾年，不斷地透過感覺來發現世界，將外在的環境內化為自己的生命，這個轉換的過程由最初的簡單的感受，到後面更高階、更複雜的感受，這個過程究竟是幾個月、幾年，究竟需要多久時間，是由每個個體自己來完成。兒童和成人的成長是很相似的，他們都需要時間。成人幫助孩子創造出這樣的時間、獨處空間，來進行情緒、感受、心理需求的自我認知、自我創造是非常重要的。在這個層面上，兒童用 3 年時間所獲得的成長，成人可能需要 30 年。

非暴力溝通的其中一個重要的要素，便是關注自我需求，但是很可惜，很多人的成長不具備自我認知的完整過

第五節　傾聽自己：助人者先自助

程，對於自我需求的認知是混亂、無序、不明確的。但是，成人依然可以獲得成長。這個成長的過程較兒童的成長，顯得更加漫長而痛苦，它一般要經歷3個階段。

第一個階段，被心理學家稱為「情感的囚徒」。這個階段裡我們認為自己要為他人的快樂負責，別人不高興，自己會不安，總覺得自己要對別人的快樂負責，討好別人，犧牲自己，掏空自己去交換別人的喜愛。這並不是真的愛，這背後同樣隱藏著操縱、索取、控制。這樣的關係不是完整的關係，而且無法繼續。

第二個階段，被心理學家稱為「憤怒的失敗者」。處於這個階段的人，經歷了關係的失敗和創傷，認知到自己的犧牲代價很大，想到自己曾經受到的苦，心中含有對自己的埋怨，看到其他人受苦時還會覺得無動於衷，但是我們不能責備他們，因為受傷的心已經不堪重負。讓自己委曲求全不是一個好的策略，真誠面對自己，可以做什麼就做什麼，做不到就真誠待人，反而更好。

第三個階段，被心理學家稱為「自己人生的主人」。人們互助、自助、助人，這是出於愛和自己的意願。自助與利他為我們帶來快樂。這時，我們意識到，每個人首先為自己負責，我們不能把別人的責任背在自己的身上，每個人都有自己的路要走。而同時，每個人是相互依賴、相互共生的，萬

第八章 懲罰、語言暴力的影響

物原本是同源一體,助人也是助己。

這 3 個階段是成人經歷成長蛻變的過程,到達第三個階段,便可以理解非暴力溝通真正的內涵,我們清楚地認識自己、表達自己;同時,我們可以感受別人,為他人著想,讓他人也感受到美好。

第六節　需求：學會提出明確的請求

　　在溝通的時候，確切地說出具體的請求是有效的方式。我們首先要明白自己究竟需要什麼，在自己都不確定自己具體需求的時候，更不用指望別人能明白了。我們需要清楚地表達，否則對方會感到困惑。

　　有一位女士，她總是抱怨她的丈夫工作時間太長，於是她對丈夫提出這樣的請求「希望你別花那麼多時間在工作上」。這樣的請求說過了幾次，但是仍然沒有效果，因為她沒有說清楚她的具體請求是什麼。在溝通專家的建議下，她換了一種方式，她對丈夫說：「你是否可以每週在家3天時間，和孩子們一起吃晚飯？」這一次她的請求奏效了。

　　還有一所學校，教師們普遍反映這所學校的校長在開會時說話方式讓他們很不舒服，他們希望校長以後「不要什麼話都說」。在提出匿名建議以後，校長很困惑，因為「不要什麼話都說」這種建議實在太抽象了，他不能理解教師們的真實想法。在這種情況下，溝通專家也給出了建議，他對教師們說，給他人提建議的時候，盡量直接說出你們具體希望，希望做什麼。而不是說希望他人不要做什麼。教師們透過書面信表達請求，列出了具體有哪些語句，應該改為什麼樣的

第八章　懲罰、語言暴力的影響

語言，例如，將「你們這些人」換成「××教師」。校長看過了教師的書面信件後，接納了全部建議。

在我們用很抽象的語言表達請求的時候，也代表我們對自己的真正需求思考的還不夠深入。如果能講明白具體的請求，將清楚地顯示我們內心的動機。

有一位父親，他與青春期的兒子在溝通上有很多衝突。兒子認為父親強迫他做很多事，於是開始對父親的各種建議非常牴觸。父親向非暴力溝通專家求助，專家問他：「你對兒子提出的請求是什麼？」這位父親說：「我請求他更加負責任。」專家問他能不能將這個請求更加具體，父親希望兒子做什麼事情。這位父親想了想說：「我希望他能聽我的意見，按我說的做，不要一意孤行，負起責任。」在表達出具體的請求以後，這位父親明白了，他的請求還是想讓兒子按他說的做，並不是讓兒子負起責任，這是兩碼事。

這就是我們常常在生活中遇見的情況，我們說的和想的是兩碼事。將我們的請求盡量具體地表達出來，我們就可以對自己內在動機有更清楚的了解，也可以讓他人更容易明白。

如果我們的內在動機是想控制他人、改變他人、操控他人為我們自己的利益而服務時，我們所說的不是請求，而是「命令」，即便它的語句，聽上去是一個請求，它也不會

第六節　需求：學會提出明確的請求

奏效。非暴力溝通的目的，是因為我們有這樣的一顆心，我們願意聆聽自己和他人的需求，我們願意真切地考慮對方感受，樂意連結，讓溝通對我們都有益處。

區分「請求」和「命令」的最重要區別在於，別人如果不答應我們的情況下，我們不會去責備、埋怨，或者利用內疚控制別人，命令是強人所難的。尤其是，如果我們平時的說話習慣就經常責備他人，當我們真正提出請求的時候，也常常會被當作「命令」。

一位阿姨學習了「非暴力溝通」的方法後，運用表達感受、請求的語句向家人提出：「我感覺很忙，請幫我一起打掃房間。」但是她遭到了拒絕，然後她立刻恢復以前的語言習慣，開始責備家人：「像你們這樣沒有責任感的人，是不會有什麼前途的！」家人已經習慣了她常常責備別人，這種聽上去表達「請求」的句子，實際上仍然是強人所難、想要控制他人的「命令」。只有當我們真實、清楚地表達出，我們不會強人所難，即使不答應我們的請求，也不會責備我們的時候，我們提出才是一個「請求」。

非暴力溝通專家提醒我們：非暴力溝通的方式，不是為了利用情感操控別人，那樣是無效的。如果你要用它，那麼你要有這樣的目的，你對自己的感受真實，你重視他人的感受，它幫助我們誠實地表達、溝通、傾聽和與人連結。

■ 第八章　懲罰、語言暴力的影響

第七節　傾聽對方：
傾聽和回饋是給他人最大的支持

　　非暴力溝通專家認為溝通中第四個重要的要素是傾聽。用全身心去傾聽，才會有發現。不帶偏見成見，只是感受、觀察，體會雙方的需求。傾聽，所帶來的發現有時是奇蹟。

　　有一個3歲的小女孩因為把肉卡進牙縫裡，驚恐地哭泣，教師專注地幫她用棉花棒清理。園長剛好經過，聽到了孩子的哭聲，便來到孩子身邊，她問教師發生了什麼事，教師回答：「肉卡在了牙縫裡，但是沒找到牙籤。」

　　孩子眼淚嘩嘩地流著，園長蹲在孩子身邊感受著，停頓了一會，園長說：「肉卡在牙縫裡了，沒有受傷，也不會有危險。」孩子聽了以後繼續大哭，但是身體放鬆了一些。園長繼續感受著孩子：「肉卡在牙縫裡了，有異樣的感覺，所以害怕了。」孩子繼續哭，但是沒有了驚恐。園長繼續感受著孩子：「肉卡在牙縫裡了，你沒有受傷，但是嚇了你一大跳。」

　　孩子繼續哭，張著嘴期待著，這時教師終於幫孩子把肉剔出來了。孩子開心地跑出教室，驚喜地大喊「肉卡在牙縫裡了」，她欣喜地與其他孩子去分享這個經歷。

第七節　傾聽對方：傾聽和回饋是給他人最大的支持

孩子因為牙齒裡有異物這種奇特的感覺產生了恐懼，她難以承受所以用哭表達出來，在這個過程中，一直受到園長在感覺、情緒、心理上的支持，如果沒有情緒流動的支持，孩子的心理活動不會顯化出來，也就不會被接納，只有情緒流動的支持，才可能接納這個心理過程，最後上升到認知。孩子經歷了完整的從驚恐到平靜的過程，在認知上也有了清楚的判斷，成長就是這樣發生的。

全身心地傾聽一個人非常難做到。有些人認為自己能做到，但是其實絕大部分的人都不具備全身心傾聽他人的能力。當別人遭遇痛苦、困惑的時候，我們常常的做法是趕快給出我們的建議、表達我們的態度。但是，我們做不到好好傾聽，有時是沒有耐心，有時是因為害怕，因為我們在意的人痛苦讓我們感覺難受，心理學稱這種情況為「同情崩潰」。有時我們只想盡快結束這種談話，所以總是急於給出解決之道。

傾聽意味著全身心地感受，讓情緒流動，怨恨、痛苦、絕望、糾結、害怕……我們允許對方的情緒流淌，就像前面說的那個幼稚園的孩子一樣，允許並支持情緒的流動，我們要做的，只是讓他人充分地表達「痛苦」，當這個過程獲得完整的釋放，他們自己會更清楚。

非暴力溝通專家給出了一些例子，來說明有哪些行為妨礙了我們全身心地傾聽。

第八章　懲罰、語言暴力的影響

建議：你應該……

比較：你這不算什麼，我當年經歷了……

說教：你這樣做，你會得到……

安慰：這不怪你，你已經盡力了。

回憶：你說的這個，讓我想起了……

否定：振作點，高興起來！

同情：唉……你真是好委屈。

詢問：這是怎麼發生的？

辯解：我想早點聯絡你的……

糾正：事情不是這樣……

看到這樣的清單，我們可能會想，如果以上都不能講，那就沒辦法安慰人了，我們確實想要幫忙、分析，找到解決之道，但是在他人遭遇痛苦的時候，肯定有很多辦法已經想過了很多遍了，他們不需要有人幫他們分析、比較、回到過去，或是快速找到解決之道。他們最需要的是理解。傾聽這一品格所展現的是理解與安慰之間的區別。

有一位女士，她經常去醫院做義工，陪伴護理，她為此專門參加了非暴力溝通的培訓，在一次志工陪護日時，見到一位護士請她幫忙與一位老太太談話，這位老太太不肯吃藥，對護士們說，她已經不想活了。這位女士來到老太太的

第七節　傾聽對方：傾聽和回饋是給他人最大的支持

病房，果然看到這位病重的老太太在喃喃自語地說：「我不想活了。」她坐下來認真感受，詢問她：「妳的意思是已經不想活了嗎？」這位老太太很驚訝，有人願意聽她的理由，便感到輕鬆了很多，於是她開始講述自己的遭遇和處境有多麼困難，她的病有多麼痛苦。這位女士並沒有安慰，只是全身心地傾聽，繼續表示理解，支持老太太將她的壓力與恐懼情緒流露出來。當天晚上，這位老太太開始聽護士的話吃藥，情緒明顯平靜。儘管醫護人員一直給予她安慰，但是這位女士提供給了她最需要的東西——有人理解她深深的絕望。

有一位父親，描述了他青春期的女兒希望有人傾聽的經歷，有一天早上，女兒對著鏡子說：「我真是醜的像豬。」這位有愛的父親在一旁聽到，趕忙跑來安慰，「寶貝妳非常漂亮！」卻沒有想到，女兒更不開心了，轉身摔門走了。這位父親的安慰很不是時候，那一刻他的女兒可能只是想分享一種感受，父親應該去傾聽女兒究竟有什麼樣的感受，而不是急於給出安慰。如果這時父親願意停頓一下，去感受女兒，就可能讓傾聽和情感流動發生。

除了全身心傾聽，這位父親還需要一個技巧：回饋。對想要被傾聽的人來說，我們給予全身心地傾聽，並給予回饋是很重要。非暴力溝通專家建議，我們最好以提問的方式，給予回饋。我們用提問的方式給予回饋，就是說明我們在努

第八章 懲罰、語言暴力的影響

力理解對方想表達的情緒、感受。

我們通常可以集中於對方感受、需要、請求上的理解提問，例如下面這樣的方式。

你的意思是你不想吃藥，你很灰心嗎？

你是不是想讓我幫你做點什麼？

你是覺得你對自己今天的形象很不滿意嗎？

你感覺到很氣憤，是因為那件事嗎？

當我們用我們的理解，給予對方回饋時，我們的語氣很重要。在傾聽的過程中，最重要的是傳達理解和支持他人講出自己的感受。最好不要在語氣中含有嘲諷、責備、比較，而如果我們的語氣很肯定，彷彿為對方的內心世界做宣言，那對方也不會有好的反應。我們需要保持持續的關注、關注對方的感受，所有不合時宜的嘲諷、責備、比較也會自然而然地消失。時刻記得，傾聽的目的是因為我們關心他人，想要加深我們的連繫。

無論是我們的孩子、朋友、父母、同事還是陌生人，當我們願意去理解他人的感受，願意加深連結，並用傾聽這種方式去理解支持他們時，我們自身也會收穫很多回饋，人與人的關係的品格，因此變得非常不同，我們更可能體會到慈悲、愛、諒解、寬恕，以及因為互諒而獲得的滿足與喜悅。

第八節　感激的力量：充分地表達感啟用在更多的恩典裡

懂得感恩的人，獲得更多，不懂得感恩的人，連他僅有的也奪走。世界各國的文化都鼓勵感恩、鼓勵人們表達感激。

有一位作者朗達‧拜恩（Rhonda Byrne），專門寫了一本書，全書的內容就是教人們各種感恩的方法，很多人都表示，在生活中按照那些感恩練習實施之後，他們的生活都感受到了巨大的積極轉變。感恩具有神奇的魔力，每個人都有表達感激、被感激的需求。

朗達‧拜恩在她的《魔法》（The Magic）書中介紹了28天感恩的練習，包括：

想一想自己生命中的恩德，並寫下值得感恩的理由。

回憶這一天所發生的美好的事情。

選擇3個自己的親密關係，寫下要感激每個人的5件事。

感恩自己的健康，仍然存活於世的感激。

在工作的時候，記錄值得感激的事情。

找到自己最想解決的困境，列出在這個困境中，最值得感激的10件事。

第八章　懲罰、語言暴力的影響

在吃東西、喝水的時候，感激食物和水。

早上醒來的第一件事，說謝謝，在整理好物品離開家門的時間裡，感謝每一件你使用的物品。

列出自己最想得到圓滿結果的事，想像圓滿的感受、感恩。

停下來感受呼吸空氣，充滿感激的呼吸。

選擇 3 個你關心的人，想像他們幫助你擺脫困境，對此充滿感激。

對著鏡子中的自己，表達感激。

當人們按照書中給出的練習在生活中實踐時，會發現很小的善舉可以帶來無限巨大的漣漪。很多時候，人們感受消極與負面，只是因為缺少愛，當我們把美好、感激掛在嘴邊，即使是很小的事也可以感受到喜悅時，生活會變得無限美好。工作讓人興奮，人際關係讓人愉悅，所有的挑戰和困難都變得更具有意義。每一件事的發生，都可以有負面的解釋和正面的解釋，我們具有這種選擇的權利。

在生活中，將感恩作為一種能力、習慣，人生會變得非常不同。

在溝通中，充分地表達感激是非常重要的。我們有時不能默默地在心中感激，還應該用語言向別人表達出來。

第八節　感激的力量：充分地表達感啟用在更多的恩典裡

有一位作家在他的《愛的祕密》(The Secret of Love)書中寫道，他非常愛他的父親，但是父親活著的時候他從來沒有好好地對父親說過感激的話，這讓他非常傷心。有多少人有過這樣的遺憾，多少人於此共鳴。充分地向那些你感謝的人表達感激，不要留有遺憾。在生活中，擁有感恩的心，對這個世界的萬事萬物，充滿飽滿的熱情與愛，使用積極的溝通方式，會體驗到更多的幸福、美好。

第八章　懲罰、語言暴力的影響

第九章
個體與社會

■ 第九章　個體與社會

第一節　價值觀：「多元價值觀」與「核心價值觀」都要具備

很多領域都注重價值觀的研究，無論是生物學、經濟學、社會學還是政治學，心理學的價值觀比較難以定義，這需要透過廣泛的調查，詢問人們什麼是你覺得有價值的，在大量的回答中發現，那些普遍受到人們尊敬的意義可以代表價值。

顯然，不同的人會有不同的答案，但是那些人們認為值得尊敬的較普遍的特點，可以代表價值的主題有這些。

成就	宗教信仰	友善
誠實	社會技能	外表威嚴
智慧	創造性	自制
忠誠	獨立	地位

這些是一部分的價值，不代表全部。社會中大多數人的價值是積極的，因此大家擁有不同的價值觀是很平常的事，沒有好與壞之分，只是不同而已。每個人也都擁有很多的價值觀，多種價值觀構成了我們的價值體系。

哈佛大學心理學家奧爾波特與他的同事們為價值觀分

第一節　價值觀：「多元價值觀」與「核心價值觀」都要具備

類，總結出 6 種基本的價值觀類型。

理論型：注重事實及對事實的揭示。

經濟型：注重實用、有價的事物。

藝術型：注重美的、創造性的、和諧的事物。

政治型：注重權力、地位、影響、名望。

社會型：注重他人、利他的價值。

宗教型：注重超越、無限、與宇宙萬物合一。

這 6 種類型價值觀可以概括大部分我們所見的職業價值傾向：經濟學家和企業家注重經濟利益、產品的實用性；藝術家畢生追求美與創造美；政治家追求聲望與影響力，這樣帶給他們權力和改變社會的可能；社會工作者致力於尊重他人的需求，改善整個社會利他主義的生存環境；科學家用無數實驗、計算來證實他們關於世界究竟是怎樣的猜想。絕大多數人都可以定義自己的職業價值取向，我們和這些價值的連繫越緊密，我們的行為就與這些價值更加統一、一致。

另一種價值分類方法，是根據馬斯洛的人類動機需求的層次反映出來，馬斯洛的需求層次主要區分為生理需求、安全需求和自我實現的需求。在追求這些需求時，也展現人們的價值觀，也就是滿足生理和心理安全感的存活價值，追求自我實現的自我表現價值。心理學家發現，很多國家和地區

第九章　個體與社會

的人,隨著時間與社會的發展,人們的價值觀都從存活價值逐漸開始向自我表現價值演變。

　　這些價值種類都被絕大多數人認可。還有一種有趣的新分類方法,將價值觀分為物質富足價值和時間富足價值,這種新興的價值認為:生命中有足夠的時間讓人們想做什麼就做什麼,這就代表一種富足。

　　我們經常聽到有很多人說自己有很多夢想,但是無法實現,因為沒有時間或者沒有錢,我們用大量的時間在獲得生存的物質條件。有一位女士,她有個夢想是走遍地球上所有神祕的古代文明遺址,她沒有足夠的錢,但是不想再等待「某日的到來」。於是,她寫了一封信給每一家航空公司,她說她很擅長拍照片,她可以為航空公司拍攝古代文明遺址的照片,這些照片可以用作航空公司的宣傳圖冊,作為回報,她請求航空公司為她提供免費的機票。她很快收到了航空公司的回覆,航空公司不僅為她提供了免費機票,還為她提供了免費的飯店住宿,她用一年的時間,走遍了世界各地的古代文明遺址,拍攝了許多美麗的照片,在完成所有計畫中的拍攝後,還得到了一筆報酬。

　　這位女士神奇而有趣的經歷,向我們證明,不需要先賺到足夠的錢,甚至連實現夢想的時間都是由「自己創造的」,也可以想做什麼就做什麼。這種認為在自己的生命中有足夠

第一節　價值觀：「多元價值觀」與「核心價值觀」都要具備

的時間、足夠的能力、足夠的資源、想做什麼就做什麼的價值觀，就是富足的價值。這是最新興的價值觀。

這種時間富足價值觀，比物質富足價值觀，在預測人的身心健康狀態時效果更好。這種價值觀認為，正因為我們社會中存在多樣的價值觀，能夠支持我們實現各種願望，創造的資源是以多種形式存在的，並不一定只是物質或實物的形式，人生完全可以用另外一種價值觀來表達。隨著社會的不斷發展，新型價值觀在不斷形成。

處於同一個群體的人，會表現出同樣的價值觀，從學生們加入同一個興趣小組，企業人才選擇在同一家公司裡服務，到志工加入了同一個支援受災地區的慈善組織。集體價值觀有時可以代表個人發出公開宣告，比如，學生在運動會時，以班級為單位喊出的口號，代表這個班級裡每個人都認同的一種精神，「進取」、「勤奮」、「團結」或「友愛」。比如，一座城市的代表性標語，「美德、自由、獨立」的賓州。集體價值觀有時也可以團結集體成員，一致對外，共同對抗外部「敵人」。

大多數人都對自己所屬的集體表達忠誠，因此當有矛盾或衝突發生的時候，那些以忠誠為價值觀的人可能會選擇以忠於集體來解決衝突。而另一群有其他價值觀的人會做出另一種選擇，比如，選擇誠實來解決衝突，就像寓言故事〈國王的新衣〉裡講出真相的小孩，或者成語裡的大義滅親，個

第九章　個體與社會

人價值觀此時高於集體價值觀。

因此,任何一種情況,都不代表其他的價值觀不重要,只是在一些時刻,有些價值觀比其他價值觀更重要一些。

人生中很多的選擇,其實都是我們價值觀的天平,那些讓人掙扎的時刻,就在考驗我們,究竟忠誠、自由、健康、錢、親情、友情哪一個更重要。

一位心理治療師做過一項測試,測試是對測試者沒有完成的願望的調查,調查結果發現很多人的價值體系中,會有自相矛盾之處,他詢問一位測試者有什麼願望,這位測試者說他的願望是想要收入穩定,這位測試者想要追求財務上的自由,同時又因為缺乏安全感想獲得穩定,自由與穩定是兩個衝突的價值觀,若想真的實現願望,則需要調和這兩種價值,在其中需要相信自己有能力,拿回自己的決定權,否則這兩種衝突的價值觀,會在很多方面阻礙自己實現自己的價值和願望,心理治療師建議這位測試者,他需要解決關於現實「不穩定」的不安全感,才有可能接納那些「不穩定」的資源和機會所帶來的收入,否則要麼是無法獲得他想追求的結果,要麼是無論他的收入如何,都無法擁有安全感。

這種價值體系之間的矛盾引起心理學家的關注,心理學家史瓦茲(Barry Schwartz)建立了一個價值環叢模型,用來描述我們價值體系間的這種矛盾。

第一節　價值觀：「多元價值觀」與「核心價值觀」都要具備

史瓦茲首先受到他的同行凱瑟（Tim Kasser）的啟發，凱瑟發現唯物主義者往往不快樂，幸福感很低，可能是因為在其不斷追求物質時，降低了生活滿意度，也可能還是因為在他的人生中缺少利他主義的行為，因而體驗不到更高的人際關係或是精神上的滿足感。

史瓦茲因此發現價值之間有相似度，也有不相似度，他和同事開始整理來自 70 多個國家人們的主要價值觀，然後依據這些價值觀的相似度和不相似度，按程度來分級，他們有了重要發現，這些價值觀的確會有矛盾之處。

首先讓我們看看全世界範圍內的 10 種主要價值觀。

成就：在社會標準一致的前提下，透過自身能力展現而獲得的個人成功。

力量：以更高的社會地位、名望獲得優越性、權力和對其他方面的控制。

安全：社會安定、秩序穩定、法律公正。

享樂：個人生活滿意度，美食、休閒、娛樂。

傳統：尊重和接受所處文化、種族及宗教的傳統、習俗、信仰、習慣。

遵從：不做違反社會秩序、法律、社會期望的行為。

刺激：生活中的各種挑戰、變化、多樣性、帶來興奮感覺的活動、新生事物。

第九章　個體與社會

　　普遍性：對全人類、大自然的維護，和平、公正、環保。
　　善心：與個人直接相關的人際關係，家人、朋友、同事，保護並提高他人利益。
　　自我指導：獨立與自由的意識和行為。

　　這 10 種主要價值觀，根據相似度與不相似度，放入價值環叢模型，在圓環中相鄰的兩種價值觀是最相近的，比如力量和成就，這兩種價值觀常常共同存在，同一個人很可能同時擁有這兩種價值觀。傳統和安全，也是相近的兩種價值觀，也常常在同一個人的身上見到這兩種特質。而圓環中，處於相對位置的兩種價值觀，通常是矛盾、對立的，往往不會在一個人的身上同時共存，比如刺激和傳統，對於一個喜愛傳統的人，他可能不會覺得刺激和興奮不好，但是在他的身上，他可能更偏好去選擇傳統，而不是刺激。

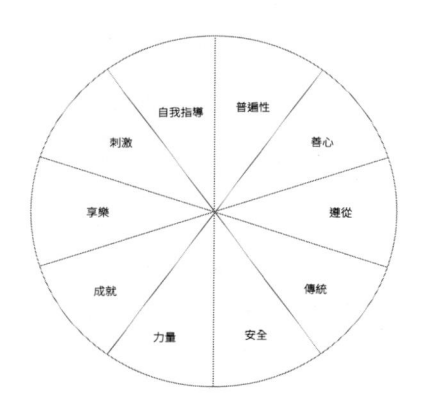

第一節　價值觀：「多元價值觀」與「核心價值觀」都要具備

這個價值環叢模型解釋了我們前面所說的那個問題，我們在人生中的很多時刻，都是在透過價值觀做選擇，這些選擇圍繞著自己還是他人，個人主義還是集體主義，保守還是開放，穩定還是開創，個人特權還是大眾人權。所有的選擇，都被我們放在價值的天平上秤重，我們選擇更重一些的那一個。

為什麼會有這樣的新聞，「留美博士回國種有機蔬菜」、「大學學子畢業賣豬肉」、「收入普通的工人退休後被發現在 20 年裡資助了 300 多名貧困學生」、「激進人權主義者在政治會議期間避免入住豪華飯店」，現在我們可以很容易理解了。

寫到這裡，很多人也包括我自己，都很想知道，我們如何明白哪一個價值對我而言最重要，如果很多價值對我來說都很重要，我要如何做出我的人生選擇？我想找到一個最優選擇，要如何才能做到呢？

史瓦茲以生活中買東西為例，向我們給出了他的建議，這需要一種平衡和智慧。

有時我們需要學會知足常樂，有時我們必須認真評估並做出最好的選擇。一個完全的最佳選擇者活得很累，一個懂得知足常樂的人會有更高的生活滿足感。但是當我們為孩子準備升學考試選擇學校、為生病的孩子選擇醫院和醫生時，我們一定都會認真評估，尋找可選範圍裡的最優選擇。但在

第九章　個體與社會

我們日常生活中，並不會在買番茄的時候，花費 30 分鐘挑揀出長相最優的番茄。這便是心理學家的建議。簡而言之，懂得選擇時機和方式是最重要的。

在最後，如果你有選擇困難，不妨在生活中運用心理學家的建議試試看。

減少你的可選項，會減少很多痛苦，兩三個選擇已經很多了。

買東西時逛不超過兩家商店，並要求自己在 15 分鐘內決定購買任何 50 元以下的商品。

設定一個條件給自己，如只買白色物品。

不更改，不回頭原則，已經決定就不要再推翻自己的結論，避免後悔折磨自己，浪費時間。

對自己的選擇，表達感謝，想出 3 條優點，讓自己滿意。

辨識出自己在哪些消費領域的選擇，會經歷選擇困難，那麼請參照以上的建議。

如果你總想要做出最佳選擇，那麼也試試這條：馬上做決策！

第二節　利他：有一千條理由培養孩子的助人精神

　　從遠古時代，人類便懂得與人結伴，人類文明的早期就開始組建家庭，然後組建群落，家庭中夫妻的共同協助可以讓一代代生命得以延續，群落中的協助讓人們對抗危險時更有效率地狩獵、生產。換句話說，是愛創造了一切，關係也創造了一切。

　　有一個重要的信條「愛你的鄰居」，現代科學家已經從生物學、心理學和社會學的角度，證明這一個信條的科學性。但仍然有一些被寵壞的孩子或者自私自利的個體會問：為什麼要愛我的鄰居？通常講出這樣話的人，也會在自身生活遭遇更多困境，還可能為他人帶來傷害。

　　大多數的父母都希望自己的孩子可以具有利他品格。心理學家將利他主義定義為任何使他人獲益的行為，包括救死扶傷、合作，甚至只是說句好話恭維他人，讓他人獲得好心情。

　　心理學家在研究利他主義的發展趨勢時，發現兒童在學步期就開始展露對同伴的同情心，但是整體上看，學步期的

第九章　個體與社會

兒童還不會自發地採取利他行為。只有在成人教育孩子要考慮他人時,一個孩子才可能有這樣的行為,例如,將自己的玩具分享給其他的小朋友。

但是在全社會範圍看,隨著孩子們進入小學,他們的分享、助人的利社會行為會越來越普遍。到了中學時期,如果為了追求個人利益而無視他人困境,孩子們甚至會因此而看低自己。可以看到,大多數的孩子在利他主義的親社會性方面是呈現上升發展趨勢的。

在許多研究中發現,如果一個孩子在四五歲時表現出較多的利社會行為,在他進入青春期、成年早期時,也會樂於助人,替他人著想。

孩子的利他主義發展,受到他所處的文化、社會以及父母的教育影響。在一項跨文化研究中發現,亞洲社會的兒童比西方工業社會的兒童更有利他主義精神。西方個人主義社會強調競爭和實現個人目標,自我犧牲精神不是主要應盡的義務,而具有集體主義精神社會中的兒童,所受到的教育與西方社會不同,會為了集體利益與他人合作。

如果父母是高度利他的人,兒童也更可能有利他的發展趨勢。高度利他的父母,會主動身體力行地參與志工服務的活動,幫助他人,而且在生活中更具有同情心,他們很少採用懲罰的方式教育孩子,即使在孩子犯錯的情況下,也更願

第二節　利他：有一千條理由培養孩子的助人精神

意採用情感解釋的方式，並督促孩子對受害者做出安慰或幫助，在這一過程中父母所展現出來的同情心，會對孩子產生潛移默化的影響。

韓國全惠星博士有 6 個子女都畢業於哈佛大學或耶魯大學。全惠星夫婦也是具有奉獻利他精神的人，他們致力於推動文化的交流，積極參與志工活動，為多個領域籌集慈善資金，他們不僅引導孩子關懷社會和他人，還以自身的行為向孩子做出示範。他們會開家庭會議，讓孩子們討論，在眾多慈善項目中，哪一項最具有意義，將有限的資金投入那裡。他們鼓勵孩子幫助其他的同學，不只是自顧自地讀書競爭。孩子們被塑造了良好讀書習慣、樂於助人的品性，以及助人利他的行為習慣，他們成長為服務於公共衛生、法律和教育領域傑出人物。

在自然界，人類與其他動物不同，人類一出生就需要其他人的照顧，這便賦予了人類生存發展所必需的精神：合作。不懂得合作、利他的人，注定在這廣泛的自然法則裡，感覺到孤獨、無助。人類所有創造、成功、價值的展現，也都有一個根基，這個根基就是合作精神。我們努力追求的、成長、理想、夢想、我們的活動、性格特徵，都是為了這個最終的目的：整個人類之間的合作。一個自私自利的人，無法做到利他、合作的人，注定感受到失敗、缺失。

第九章　個體與社會

　　哈利王子（Henry Charles Albert David）從一出生就被世界所矚目，從年少時母親戴安娜王妃（Diana, Princess of Wales）死於車禍，他從伊頓公學畢業，參軍接受艱苦訓練，到從戰場返回後酗酒和暴露出各種行為不良的問題。媒體像一個顯微鏡一樣，沒有放過他的所有成績和失敗，許多雜誌、普通民眾都看得出他是在成長過程中充滿矛盾與衝突的孩子，他有著想要自我超越、自我實現的意念，卻總是有些障礙讓他無法向前。也許我們羨慕他是王子，但他可能也同樣體驗著普通人所言的「命運」捉弄，一出生就是次子注定他無法繼承王位，他需要走出一條自己的路，他努力讀書，認真參加軍事訓練，很擔心別人因為他的王室身分而認為他沒有真實能力，可他還是因為王室身分，沒有辦法如願奔赴戰場，這讓他灰心，找不到自我實現的途徑，甚至一度表現出行為不端。但是後來，哈利王子找到了真正獲得價值的途徑——幫助弱勢群體。他致力於幫助弱勢群體，為他們爭取關注和權益，從非洲兒童、傷殘軍人到單親家庭，他不斷地全力支持他們。在幫助他人的過程中，他也幫助自己從失意與困惑中走出來，他找到了熱情與力量，實現了自己的價值。

第三節　社會興趣：
幸福要有好的人際關係

在積極心理學家研究幸福內涵的時候，發現了幸福有 4 個象限：享樂的愉悅感、挑戰的酣暢感、利他的幸福感和成功的自我成就感。一個人在這 4 個象限裡的每一個方面，做得如何，共同組成了一個人飽滿的幸福狀態。

心理學家的研究顯示，單純的愉悅感並不像幸福主義那樣帶來長期的快樂幸福。這裡所說的幸福主義，便是遵循內心，利用自身的價值和能力去追求更美好的東西──包括別人乃至整個人類的福祉。對於一個充實的幸福人生，享樂和幸福主義兩種態度都是必不可少。

根據心理學家的定義，幸福就是追求那些世界上真正存在的有價值的東西：免予疾病、物質享受、職業、友情、撫養兒女、教育、知識。這些是普遍共識，生活中絕大多數人都在追求這些有價值、有意義的事物。我們一生為這些有意義的事而努力，這就是幸福主義。針對幸福的研究因此得出了一個結論：絕大多數人都是幸福的。無論他是一個億萬富翁，還是一個農民。由此，引發了心理學關於主觀幸福感的討論。

第九章　個體與社會

　　這項研究將幸福感與生活中的各項滿意度相關的變數都做了比較，得出了一個重要的結論：年齡、性別、教育程度、收入、生活環境雖然也和幸福相關，但是相關性較低，也就是說所有人都可以幸福。那麼，決定人們幸福感最重要的兩個變數是社會關係和人格特質。

　　社會或人際關係因素是促進人們幸福感的穩定因素，我們的朋友、婚姻狀態、是否有份工作（與收入無關）、社會志工活動、興趣娛樂活動，這些都促進我們與人的交流。那些受試者中，報告最高幸福感的人，有一個共性，他們都與人有密切的交往，無論是婚姻家庭、工作夥伴，還是社會貢獻服務中的關係，良好的社會關係，是通往極致幸福的必要條件。

　　幸福的人都擁有類似的特質，他們有能力讓自己擁有更多的積極特質——樂觀、勇敢、覺知力、自尊、自制力、樂於助人。這些特質在與人交談或表現自我時展現出來。因此，幸福可以被稱為一個人內在形式的外部展現。

　　在談論壓力的章節，我們也談論過，與他人連結，幫助他人為我們帶來的美好感受超過我們的想像，它還能激發人們更多的潛能和力量。在積極心理學的範疇，有句話可以概括這門科學的精神——他人很重要。

　　來自他人的支持可能以很多形式的資源展現出來：物品、

第三節　社會興趣：幸福要有好的人際關係

資訊、愛的流動、金錢、服務、時間、地位。仔細看一下這些資源，你會發現每一樣都很重要，這些資源之間也可以互相代替，因此我們需要良好的關係，在關係中，我們有很多資源可以交換、互助、互補，獲得這些資源，讓我們的生活運轉得更好。

在一份社會支持如何幫助人們應對困境的研究中，列出了一些他人幫助的資源。

評價性的支持，包括有建設性的建議、回饋、肯定，以及與社會的類比。

情感類的支持：同情、傾聽、信任、關愛、養育。

資訊類的支持：資料、建議、意見、解決方法。

器具性的支持：房屋、交通、實質性的輔助和身體力行的服務。

列出這些資源和研究結論，並不是為了從關係的等價理論去證明，幫助他人對我們有益。純粹的等價關係，只在商業模式中存在，人與人的關係超越等價關係的理論範圍，在社會中廣泛存在的志工工作，以不求回報的心服務他人，獲得了更高的生活滿意度與健康水準，這些都超越了等價交換理論。更不用說，在父母養育、愛情婚姻或友誼中，人們所付出的和收穫的情感因素，無數的研究或事實都一再證明了，心靈會戰勝頭腦，人們擁有關係，養育孩子，擁有愛人

第九章　個體與社會

和朋友，都是因為愛。

　　心理學家們研究關係的時候發現，嬰兒從一出生就需要依賴關係，例如，很多孤兒院中的孩子，僅僅因為缺少愛，大部分孩子都不能存活下來。很早的時候，嬰兒就具有了社會性，根據一項研究，僅僅出生 1 小時後，嬰兒的注意力就會跟隨人臉移動，他們對人臉圖案更感興趣，但是對具有一張帶有混亂拼湊的人類五官的圖案沒有反應。嬰兒在得到足夠的生理照顧後，就會開始對最初照料者，或者母親產生依戀關係。而對於能夠建立安全依戀關係的孩子，他們在孩童時期對父母有信心，因此有更多的興趣探索世界，當他們遇到挫折時，更願意尋求關懷。安全依戀型的兒童，可以在依戀關係和自立之間找到平衡。

　　當孩子進入學齡階段，安全依戀型的孩子也不需要教師太多的監督指導，更可能主動完成課業，教師對他們也更加喜愛，期望值更高。在同齡人之間，也能顯示出更好的社會交往技能，也更加受到同學的歡迎。

　　研究顯示，安全依戀模式對促進與他人的良好關係是有持續作用的，它對人的一生都有影響力。心理學家也發現，童年時期的安全依戀模式，也會在戀愛親密關係中展現出來。

　　在成人親密關係之間的安全依戀模式，展現出這些特點。

第三節　社會興趣：幸福要有好的人際關係

可以共同合作、解決問題，給予對方支持。

面對壓力時，失落感較少。

不容易憂鬱、神經質。

發生衝突時，更可能折中。

良好的自尊。

很少虐待配偶。

離婚機率更小。

需要幫助時更容易向他人尋求幫助。

能夠在兒童的早期就建立安全依戀關係，是非常重要且有益的。即使有些人錯過了最佳的時期，也依然有辦法補救。青少年、成年人都具有情感、關懷再培養的因素，在交往中學會更多地表達自己的需求、感受，可以幫助人們更好地維護關係。

心理學家戈特曼（John Mordecai Gottman）對想要維護良好關係的人給出了這樣的建議：使用積極手段和消極手段的比例必須超過5：1。負面的語言行為殺傷力更大，在我們講出一句責罵、怨恨的話之後，至少要再說5句讚美或者表揚的話，而這些積極的話語不能以暗示的行為表達，必須是明確地講出來，我們不能期待別人可以直達我們的內心。

在一份研究中，心理學家描述了人們在回應他人時的幾

種方式,這裡以獲得一個工作機會為例子,看看這些回應的方式有什麼區別。

積極-建設性回應(樂觀):太棒了!那你一定可以收穫很多!

積極-破壞性回應(專注潛在負面):可能又要飽受壓榨!

消極-建設性回應(沉默):那很好。

消極-破壞性回應(漠不關心):今天風有點大。

那些經常使用積極-建設性回應的人,通常擁有更好的關係,而如果經常使用另外 3 種回應方式,則關係上的滿意度是很低的。

有時我們不能在心裡想著愛,在行為上什麼都不做,也不能過於盲目的樂觀。那些負面、消極可能影響到我們的幸福和社會關係,這是需要避免的。即便做不到數字上精確的 5:1,更多地增加積極行為和語言,盡量避免消極行為語言,是發展良好社會關係的必要條件,這樣做是因為負面的語言和行為非常具有殺傷力。在一段得以維持下去的關係中,一定是絕大多數情況都是好事,很少的情況是壞事。所以我們要著重強調積極的語言和行為。

第三節　社會興趣：幸福要有好的人際關係

國家圖書館出版品預行編目資料

全人成長手冊，解密青春期心理與行為：從童年到成年，全面探索心理、意志與社會的力量 / 鞠然 著 . -- 第一版 . -- 臺北市：崧燁文化事業有限公司 , 2024.09
面；　公分
POD 版
ISBN 978-626-394-806-8(平裝)
1.CST: 兒童心理學 2.CST: 青少年心理 3.CST: 青春期
173.1　　113012908

電子書購買

爽讀 APP

全人成長手冊，解密青春期心理與行為：從童年到成年，全面探索心理、意志與社會的力量

臉書

作　　　者：鞠然
責任編輯：高惠娟
發　行　人：黃振庭
出　版　者：崧燁文化事業有限公司
發　行　者：崧燁文化事業有限公司
E - m a i l：sonbookservice@gmail.com
粉　絲　頁：https://www.facebook.com/sonbookss/
網　　　址：https://sonbook.net/
地　　　址：台北市中正區重慶南路一段 61 號 8 樓
8F., No.61, Sec. 1, Chongqing S. Rd., Zhongzheng Dist., Taipei City 100, Taiwan
電　　　話：(02) 2370-3310　　　傳　真：(02) 2388-1990
印　　　刷：京峯數位服務有限公司
律師顧問：廣華律師事務所 張珮琦律師

-版權聲明-
本書版權為樂律文化所有授權崧燁文化事業有限公司獨家發行電子書及紙本書。若有其他相關權利及授權需求請與本公司聯繫。
未經書面許可，不得複製、發行。

定　　價：375 元
發行日期：2024 年 09 月第一版
◎本書以 POD 印製
Design Assets from Freepik.com